Ingeborg Papp, B

Mariette Lydis
Das orientalische
Traumbuch

— 1900 —

EDITORISCHE NOTIZ

Bei dem vorliegenden Werk handelt es sich um einen Reprint der um 1900 in Wien entstandenen Originalausgabe. Das sogenannte »Orientalische« des Traumbuches begründet sich mit der Neigung der damaligen Zeitgenossen, Traumdeutung und Wahrsagerei mit dem Orient in Verbindung zu bringen. Den Neigungen und der kulturellen Umgebung der damaligen Zeit sind naturgemäß auch gelegentliche Klischees und Wertschätzungen zu verdanken, über die wir heute anders urteilen und empfinden. So mag man heute darüber schmunzeln, wenn »Schwarz« als negativ und »Weiß« als positiv gelten (ein für heutiges Empfinden regelrechtes »Schwarzweiß-Denken«), oder wenn schöne Frauen Glück, häßliche aber Unheil bringen sollen.

Wir wissen davon und wissen es besser.

Das wunderschöne Buch wollte der Verlag trotzdem in seiner ursprünglichen Form wiedergeben. Sie haben sicherlich Verständnis.

Die zwölf Häuser des Himmels

1	♈ Leben	♎	Heirat	7
2	♉ Reichtum	♏	Tod	8
3	♊ ~~♋~~ Neid	♐	Würde	9
4	♊ → ♋			
5	♌ Krankheit	♒	Freunde	11
6	♍ Gesundheit	♓	Feinde	12
	♊ Armut	♑	Katastrophe	10

Reprint der Originalausgabe
»Orientalisches Traumbuch«
Erschienen 1900 im Müller & Co. Verlag,
Potsdam

Die Deutsche Bibliothek verzeichnet diese
Publikation in der Deutschen Nationalbibliographie;
detaillierte bibliographische Daten sind im Internet
über http://dnb.ddb.de abrufbar.

Umschlaggestaltung: dyadesign, Düsseldorf
Druck und Bindung: Clausen & Bosse, Leck
ISBN 3-491-45038-1
www.patmos.de

Mariette Lydis

Das orientalische TRAUMBUCH

Patmos

WIDMUNG

Dieses Buch sendet dir der Himmel, auf daß du durch des Lebens Wirrnisse und Geheimnisse deinen Pfad findest und dich Tücke, Falschheit und Unglück nicht ungewappnet treffen. Die Träume sind deine treuen Wächter; aber ihre Deutung ist dir unklar, unverständlich, und erst die Wissenschaft der Jahrtausende hat ihren geheimen Sinn erforscht. Dieses Buch ist dein Freund. Vertraue ihm und befolge seine Ratschläge, und du wirst glücklich!

A.

AAL, denselben erhaschen ist Glück, einen sehen wunderbare Befreiung.

Aas, bessere Zeiten stehen dir bevor, und du wirst ein hohes Alter erreichen.

Abend bedeutet sanftes Ausruhen, häusliche, ruhige Freuden.

Abgebranntes Haus zeigt an, daß dir ein großes Glück nahe bevorsteht.

Abgrund, sich in einen Abgrund stürzen sehen, bedeutet schmerzhaftes Leiden, am Abgrund stehen ist Melancholie, schwarze Gedanken, doch ist Ernstliches nicht zu befürchten.

Abmarsch von Soldaten bedeutet Glück in deinen Unternehmungen.

Abscheu vor etwas haben bedeutet einen unangenehmen Vorfall und ist eine Warnung zur Vorsicht.

Abschied nehmen bedeutet, daß dir dein Freund treu bleibt, allen Anfechtungen zum Trotz – Abschied geben ist eine schöne Erbschaft.

Abschneiden zeigt einen Diebstahl an.

Adelsperson, große Ehren erwarten dich, die Nummer 7 ist dir günstig.

ABNORMITÄTEN.

Siehst du im Traum abnorme Wesen, so bedeutet dies Verwicklungen, aus denen du reich und geliebt hervorgehen wirst, trotzdem hast du trübe, wirre Gedanken und wirst von ihnen sehr gequält, der Grund hierfür ist jene Tat vor vielen Jahren, die fast von dir vergessen wurde und noch nicht gesühnt ist.

Adler zeigt Gewinn und Nutzen bei habgierigem Charakter an.

Advokaten bedeuten große Unruhe im Haus und größere Verluste.

Ärger deutet auf freudiges Wiedersehen.

Affe ist Verführung oder quälende Krankheit.

Almosen geben ist für Arme Glück, für Reiche Trübsal, Krankheit und Tod. Der Zahl 13 weiche aus!

Altar zeigt Freude und frohe Feste an.

Ameisen bedeuten Feuersgefahr.

Amme bedeutet unangenehme Nachrichten, die niemand wissen soll.

Amor ist große Liebe und Seligkeit.

Angel bedeutet bedeutende Erbschaft oder aber auch Betrug von einer Frau, für die du viel geopfert hast.

Angeln ist von schlechter Vorbedeutung, Widerwärtigkeiten sind zu erwarten.

Angst bedeutet Zank und Hader.

Anker bedeutet gute Hoffnung.

Apfel, du wirst zum Verbrechen verleitet.

Araber ist Dürftigkeit und Armut.

Arbeit bedeutet Enthaltsamkeit.

Armband bedeutet Abhängigkeit und Einsamkeit.

Arrest bedeutet Unglück und Elend, später große Freude.
Arzt bedeutet Fruchtbarkeit.
Ausländer bedeutet Melancholie.
Axt zeigt Verderben an.

B.

BACH, trüber, bedeutet Kränkung und Verleumdung – heller, Reichtum und freudiges Leben.
Bach voll Fische, Erbschaft.
Bad bedeutet Wohlstand und Gesundheit.
Bahre deutet einen Todesfall an.
Ball, damit spielen ist Unkeuschheit und Ehebruch.
Ball, sieht man sich tanzen, bedeutet dies große Geselligkeit.
Ballettmädchen, großer Geldverlust.
Bär bedeutet einen starken Feind.
Barbier, du kommst in Klatsch und Verruf.
Bart, schwarzer, bedeutet Falschspieler – weißer, Einsamkeit – an Frauen, böses Gewächs.
Bart, so abgeschoren, ist Zwietracht.
Bastard bedeutet Verzweiflung, Verbannung.

Bauer bedeutet friedliches Leben und eine Episode, die alles ins Gute verwandeln wird.

Bauernmädchen bedeutet uneheliche Geburt.

Baum, grüner, Wohlfahrt, gedeihliche Arbeit.

Baum, dürrer, Ungerechtigkeit.

Bediente bedeuten Abhängigkeit für Reiche, für Arme ist ein kleines Vermögen in Aussicht.

Begräbnis bedeutet glückliche Ehe und hat als Glücksnummer 12.

Beraubt werden bedeutet schmerzlichen Verlust.

Berg, große Hindernisse.

Betrunkenen sehen deutet auf Leichtsinn und Verschwendung.

Bett, reich und ordentlich, Reichtum und Kindersegen.

Bett, so in Unordnung, wird dein sündiges Geheimnis bekannt.

Bett, einen Fremden in seinem Bette sehen, große Uneinigkeit in der Ehe.

Bettler (siehe Unglück).

Bienen bedeuten Feuersgefahr.

Bilder sehen, es mehrt sich dein Reichtum.

BÖSER BLICK.

Siehst du im Traum eine Person mit dem bösen Blick, so heißt das, daß dir Verwandte eine Falle stellen. Vorsicht! Mit Schlauheit kannst du sie daran hindern. Sei besonders mit der Person freundlich, mit der du einst entzweit warst. Siehst du im Traum die Person mit dem bösen Blick dir entgegenkommen, so kannst du sicher sein, daß die Versprechungen, die man dir feierlich gegeben hat, falsch sind, daß man dich belügt und verlacht. Dieser Traum ist sehr gefährlich, er bringt Schlimmes, Mißlingen aller Pläne von den kleinsten häuslichen Dingen bis zu deinen ernstesten Lebensfragen.

Birnbaum, für einen kranken Verschlimmerung seines Leidens.

Birne, Beerbung eines nahen Verwandten oder aber böse Vorahnungen, Melancholie.

Bittere Mandeln, falsche Freunde.

Blau bedeutet Treue und Verdruss.

Blind werden bedeutet Tod.

Blitz bedeutet eine geile Frau.

Blumen, widerwärtige Familienangelegenheiten.

Blumenstrauß deutet, daß deine Neigung erwidert wird, trotzdem nur kurzes Glück.

Blut fließen sehen, ein Feind will sich dir nähern, stoß ihn von dir!

Blut trinken ist unrechter Gewinn.

Bombe bedeutet Schrecken ohne üble Folgen.

Bosheit deutet auf frohe Tage.

Bote, erwarte den nächsten Traum, er ist für dein Leben entscheidend.

Brand im Hause, böser Streit und Rache.

Braut, eine junge und schöne, deutet auf den Tod beider Eltern.

Brief bedeutet vorübergehende Störungen.

Brillen bedeuten Standeserhöhung.

CHINESE.

Siehst du im Traum einen Chinesen, so steht dir eine lange Reise in ferne Länder bevor, von der du reich und geehrt zurückkehren wirst. Hüte dich jedoch vor der Nummer 7 als Stunde und Datum, sie ist bedrohlich für dich.

Brot ist Wohlhabenheit und Keuschheit.

Bruder bedeutet ein langes Leben voll Unzufriedenheit.

Brücke bedeutet Unterstützung von unerwarteter Seite.

Brust oder Busen, Brust eines Mannes große Treue und Reichtum, Frauenbusen, so haarig, ist krankhafte Sinnlichkeit; so weiß und wohlgeformt, Glück in der Liebe.

Buch deutet auf einflußreiche Position.

Buckliger ist einer der glücklichsten Träume, alles gelingt dir.

Bürste deutet auf Traurigkeit.

Büttel ist Roheit, schwere Verwundung.

Buhlerin bedeutet Schande und Spott.

Bunte Kleider bedeuten Krankheit und Todesfall, hüte dich vor der Zahl 32.

Butter bedeutet Gesundheit, aber auch Aufregungen und Familienzwist.

C.

CABALLA (Makrele) – Mühseligkeit, Trübsal.

Caféhaus – freudige Nachrichten, Wohlleben, Glückszahl 22.

Christ deutet auf Irrwege.

Chor hat Kränklichkeit zur Folge.

DIRNE.

Träumt ein Mann von einer Dirne, so ist seine Zukünftige leichtsinnig gewesen und sucht seine Ehrlichkeit zu mißbrauchen. Träumt ein Mädchen von einer Dirne, so bedeutet dies Treulosigkeit und Unehrlichkeit von seiten des Geliebten und große Trauer. Sieht man sich selbst im Verkehr mit einer Dirne, so bedeutet dies schwere, unheilbare Krankheit nach einer kurzen Zeit des Leichtsinns und der Sinnenfreude.

D.

DACH, darauf gehen deutet auf gefährliche Unternehmungen, darunter sein bedeutet hohe Ehren.

Dachs, gute Laune und Erbschaft.

Damast, Wohlleben und Sinnlichkeit.

Dame sehen, warnt dich vor einer falschen Frauensperson.

Damen – mehrere Unannehmlichkeiten.

Dankbarkeit zeigt auf Wohlstand, gute Freundschaft, bedeutet Wohlergehen und Freude.

Daumen, du solltest deine üblen Launen bekämpfen.

Degen deutet auf Streit, denselben zerbrechen, Tod.

Delikatesse bedeutet Reichtum und Völlerei.

Delphin, deutet auf Lebensrettung.

Denkmal, Reichtum und Ehre. Unternimm nichts am Freitag.

Deserteur, bedeutet Prozesse.

Diamant – leichtsinniges Leben.

Diamantring, hochgestellte Bekanntschaft, geschäftlicher, großer Erfolg.

Dicker Mensch, Freude und Lustigkeit.

Dieb, Vorsicht! Große Gefahr ist nicht ferne.

Dienstboten deutet auf Verleumdung.
Direktor deutet auf Ärger.
Dokument bedeutet schnellen Reichtum.
Dolch, du wirst ein Geheimnis erfahren.
Domherr, Segen, große Ehren.
Donner und Blitz deutet auf Ungunst bei deinen Vorgesetzten.
Dorf – Arbeit und Mühe.
Dorf in Flammen – Millionenreichtum.
Dornenkrone, dein bester Freund verrät dich schmählich.
Drachen, Verachtung und Krankheit.
Dragoner, sei vorsichtig bei deinen Liebesfreuden.
Durchfall, du wirst etwas verlieren.
Durst, Befriedigung deiner Wünsche.
Durst nicht stillen können deutet auf langwieriges Krankenbett.

E.

EBBE und Flut – Glück im Handel, Glückszahl 28.
Ebene sagt dir langes Leben voraus.
Ebenholz, Gram und Kummer.
Edelstein verlieren, die Person, an die du denkst, wendet ihr Herz von dir ab.
Efeu, Befestigung eines angeknüpften Verhältnisses.

Ehe, so gut ist, bedeutet Unglück, so schlimm ist, Freude.

Ehebruch ist Feuersgefahr.

Ehescheidung deutet auf liederlichen Lebenswandel.

Eheweib nehmen, Wohlergehen, sterben sehen ist Erfüllung seiner Wünsche.

Ehrabschneider, enthalte dich, ein Jahr lang Prozeß zu führen.

Ehrendame, keuscher Lebenswandel, bringt dir reiche Heirat.

Eidechse, feßle das Glück, so es dir nicht entschlüpfe (Heirat).

Eid schwören, du wirst auf einer Lüge ertappt werden, deine Unglückszahl ist 53.

Eier kaufen ist Unglück, kochen Klatscherei, essen zielt auf Betrübnis.

Eifersucht, betrete nächtlings kein Haus, ohne eine Waffe mit dir zu führen.

Eile haben deutet auf kommende Krankheit, die du gut überstehst.

Einbrechen, gefährde nicht durch einen Schritt vom rechten Pfad dein Lebensglück.

Eingeweide bedeutet Sorge, solche essen bedeutet Kindersterben, Schmerzen in den Eingeweiden Zeichen eines bevorstehenden Unfalles.

Einhorn bedeutet Glück.

Einkaufen, hüte dich vor Taschendieben.

Einsiedler, du hast Verfolgung zu erwarten.

Einzug – Ruhm und Reichtum.

Eis, du wirst straucheln.

Eisenbahn deutet auf große Gefahr, sie nicht erreichen, verschmähte Liebe.

Eiserne Kette, du stehst in Gefahr, überfallen und beraubt zu werden.

Eiter, deine Angelegenheiten werden nach einer Krisis einen glücklichen Verlauf nehmen.

Eitles Wesen deutet auf Verachtung.

Ekel, du bist zu wenig enthaltsam.

Elefant, du wirst dein Leben inmitten größter Pracht und hochgeehrt von deiner Umgebung verbringen.

Elfenbein bedeutet Angriff auf deine Ehre.

Eltern sterben sehen bedeutet Gut und Geld.

Enge Gasse, enthalte dich der Sinnesfreuden durch vier Wochen, wenn du einem schweren Verhängnis entgehen willst.

Entbinden, ein Geheimnis wird offenbar.

Entehren, ein Wunsch wird dir erfüllt.

Enthauptet werden – Frieden wird in deine Seele einziehen.

Erbrechen, sich, bei Armen gut, bei Reichen böse.

Erbschaft, eine große Enttäuschung steht dir bevor.

Erdbeben zeigt eine große Veränderung in deinem Leben an.

Erdbeeren deutet auf Wohlstand und Sorglosigkeit.

Erscheinung, ein Feind überrascht dich durch Edelmut.

Erstechen ist Glück.

Erfrieren, deine Umgebung bereitet dir Leiden.

Ernte, so gut ist, große Lustbarkeiten, so schlecht ist, geheime Krankheit.

Esel, einen kaufen, du bist betrogen worden.

Esel sehen ist Unglück, reiten Lächerlichkeit, schlagen Streit und Hader.

Essig zeigt Krankheit und Verdruß an.

Eulen sehen ist sterben.

Euter an der Kuh bedeutet Freigiebigkeit eines reichen Freundes.

ENGEL.

Siehst du einen Engel im Traum, so bedeutet dies das beste für dich. Glück, Erfolg und das unerwartete Eintreffen einer geliebten Person, die lange fern von dir weilte. Nur für Kranke ist der Traum unheilvoll, er bringt den Tod. Für alle Gesunden, denen ein Engel im Traum erscheint, ist er die beste Vorbedeutung: Wiederfinden eines lange vermißten Gegenstandes, der dir teuer war, und unerwarteter großer Gewinn. Jedes Unternehmen, das du in den drei Tagen nach dem Traum angehst, wird gelingen.

F.

FABRIK, dein Fleiß wird durch Reichtum belohnt.

Fabrikherr bedeutet Streit und Demütigungen.

Fackel, mach dich auf Enthüllungen aus deiner Vergangenheit gefaßt.

Fackelzug, große Ehrungen erwarten dich.

Fächer, deine Schönheit bringt dich zu Fall.

Fahne, eine sehen bedeutet Glück, viele sehen, Umschwung in deinen Verhältnissen.

Fahren, große Herrschaft, langsam fahren langes Leben, geschwind baldiger Erfolg.

Fahrzeug, Vorsicht! Glücksnummer 8.

Falke, einen solchen auf der Hand tragen bedeutet Glück.

Fallen, selbst, deutet auf Unglück, andere fallen sehen ist Erhebung.

Falliment bedeutet Schande und Spott.

Falsches Geld, deine Unredlichkeit wird entdeckt und bestraft.

Falschheit, sei auf der Hut, du hast viele mächtige Feinde.

Falten im Gesicht, du wirst von einem Selbstmord in deiner Umgebung erfahren.

Fangen, etwas, zielt auf Hinterlist.

Fasan, dein neuer Anzug verhilft dir zu großen Eroberungen.

Fasching, dein neuer Reichtum entschwindet dir unter den Händen.

Fechten, du wirst einer großen Gefahr mit Mühe entgehen.

Federn am Hut zielt auf Neid und Mißgunst.

Federn im Bett, du wirst auf das hinterlistigste betrogen.

Feigenbaum, dein Liebesglück ist kurz, aber süß.

Feiertag ist Zank und Streit.

Feigenblatt, treibe deine Sprödigkeit nicht zu weit, du könntest es bereuen.

Feigheit zielt auf langes Leben.

Feinde überwältigen, eine Gefahr, von der du nichts ahnst, ist an dir vorbeigegangen.

Feinde, verachte nicht die Freundeshand, die sich dir bietet.

Feldbett, Unglück auf der Reise.

Feld, der kommende Sommer bringt dir dein Lebensglück.

Feldmarschall, ein Zank wird dich ärgern.

Felle von Tieren zielt auf Krankheit.

Felsen besteigen, sei unverzagt, dein Ziel ist nicht fern. Absteigen bedeutet große Reichtümer.

Fensterscheiben, dein Liebesglück wird belächelt.

Fenster zerbrechen, Widerwärtiges steht dir bevor.

Fesseln, hüte dich vor der Ehe.

Fest, in deiner Umgebung wird ein gesundes Knäblein geboren.

Festung, du kannst nicht mehr zurück.

Fett und dick sein deutet auf Sorglosigkeit.

Feuer auslöschen bedeutet Armut, hell brennen sehen ohne Rauch großen Reichtum.

Feuersbrunst, unerwartet großes Glück erwartet dich.

Feuerwerk, du wirst Geld verlieren.

Fieber, verwickelter Prozeß.

Findelhaus, du wirst belästigt werden.

Finden, irgend etwas Großes, Kummer.

Finger, Schmerzen daran haben deutet auf Lösung eines alten Verhältnisses.

Fischangel, bedeutet Glück im Spiel.

Fische, so man solche im Traume fängt, ist Erfolg in geschäftlichen Dingen zu erwarten. (Weiteres siehe Meerbewohner.)

Fischgräten, solche schlucken, auch allzu große Vorsicht schadet dir.

Fischnetz, viele Verdrießlichkeiten.

Flamme bedeutet Glück in der Liebe.

Flasche, hüte dich vor der sinnlichen Frau.

Flattern zielt auf Falschheit.

Fleck am Gesicht oder am Körper, eine Krankheit wird dich heimsuchen.

Fleck im Kleide, deine Umgebung kennt dein ängstlich gehütetes Geheimnis.

Fledermaus, böse Nachrichten beunruhigen dich.

Fleisch, solches kaufen ist nicht gut; solches kochen oder braten bedeutet Segen, solches essen Schmerzen.

Fleisch, wildes, Hader.

Fleischhacker (Metzger) deutet auf liederliche und ungetreue Verwandte.

Fleischladen, bei jungen Mädchen sinnliche Liebe, beim Manne Grausamkeit und Herrschsucht.

Flieder bedeutet Krankheit.

Fliegen (siehe Insekten).

Fliehen, bescheidenes Glück erwartet dich.

Flöhe, solche fangen deutet auf Unruhe, von ihnen gebissen werden großen Gewinn.

Flöte deutet auf Familienzwist.

Fluß, klares Wasser, bedeutet Frieden und Glück im Hause; trübes unsichere Geschäfte.

Folter bedeutet unglückliche Liebe.

Fontäne, du spielst mit deinem Lebensglück.

Frauenschuh, dein schneller Erfolg ist nicht dauerhaft.

Frau niederkommen sehen, du hast schlimme Gelüste; diese küssen, unredlicher Gewinn; Frau nehmen zeigt Zorn und Ärger an; Frau sterben sehen, du kommst langsam, aber sicher zum Ziel.

Fräulein, gewagte Spekulationen.

Friedhof – baldiges Wiedersehen.

Frisieren zeigt gute Tage an.

Frosch (siehe Reptil).

Frost, du erlebst einen starken Schreck.

Früchte sind ein guter Traum.

Frühling, blicke vertrauensvoll in die Zukunft, eine Freude erwartet dich.

FLUG.

Sieht man sich im Traum dahinschweben, so ist dies ein Zeichen, daß man übertriebene, überhebende Wünsche hat, die sich nie verwirklichen werden. – Sieht man sich aus den Lüften hinabgestürzt, so steht uns eine große Erniedrigung bevor, doch wird man sich bald wieder erheben, wenn man seine Ansprüche etwas herabsetzt.

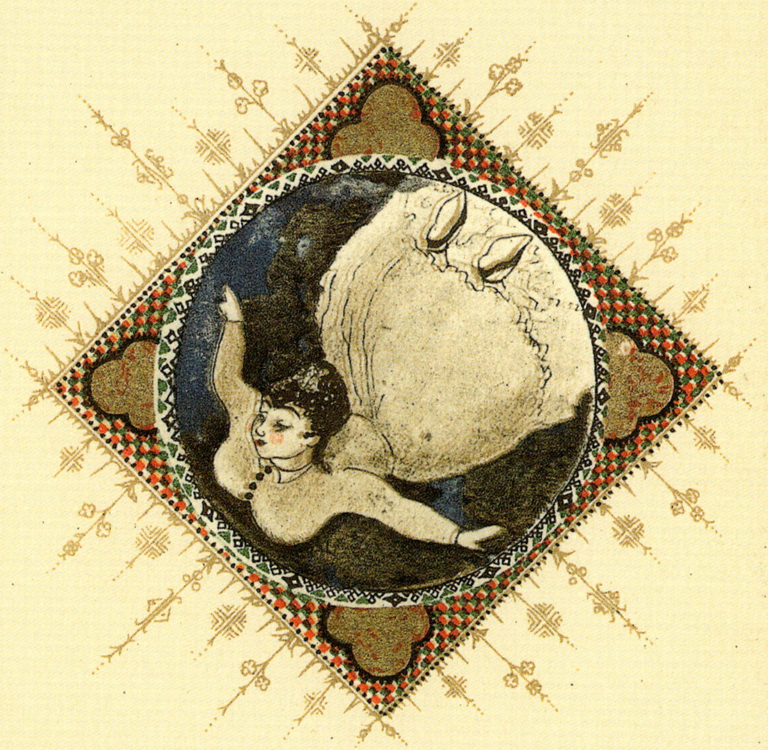

Fuchs, solchen sehen bedeutet Angriff auf dein Haus, solchen schlagen oder töten ungünstiger Fortgang einer Angelegenheit.

Fürst, damit Umgang haben zeigt Überhebung und Gefahr an.

Furcht, dem Liebenden Liebe, dem Kranken Agonie.

G.

GALANT bedeutet Hinterlist von Personen, welche dir nahestehen.

Galantes Mädchen deutet auf Verlust im Spiel.

Galgen, du wirst zu höchsten Ehren gelangen.

Gans deutet auf gute Erbschaft.

Garçon, du wirst in den nächsten sechs Monaten ein großes, aber kurzes Liebesglück genießen. Hüte dich vor der Person mit den schwarzen Augen.

Garten deutet auf glückliche Ehe.

Gärtner, freudiges Gedeihen belohnt deine Mühe.

Gast zeigt Hungersnot an.

Gasthaus, sorgloses Leben.

Gastmahl – Reichtum und Freude.

Gaukler, du wirst eine große Gefahr glücklich überstehen.
Gebären bedeutet Schlechtes.
Gebeine zeigt einen Todesfall an.
Gebet, du wirst getröstet werden.
Geburtsschmerzen bedeuten Tod.
Geburtstag, du wirst nicht mehr viele erleben.
Geck, du hast dein Herz an einen Unwürdigen gehängt.
Gedärme sehen, du bist unvorsichtig und wirst es bereuen.
Gedicht, man will dich umgarnen.
Gedränge, deine bösen Ahnungen werden sich erfüllen.
Gefangener, du kommst unschuldig zu Schaden.
Gefängnis, du wirst dein Leben lang eine schwere Kette mitzerren.
Gefundene Gegenstände, deine Verfehlungen werden nicht entdeckt und großer Reichtum erwartet dich.
Geifer oder Speichel deutet auf ohnmächtigen Zorn deiner Familie.
Geige, du wirst ein dir teures Herz erobern.
Geißbock deutet auf Sinnlichkeit.

Geistige Getränke bedeuten Verschwendung.

Geistlichkeit, du stehst in Gefahr, dein Vermögen zu verlieren.

Geist sehen deutet auf dein nahes Ende.

Geißeln, du mißbrauchst deine Gewalt und stehst dadurch in Gefahr.

Geiz bedeutet Angst und Schrecken.

Geizhals, ändere dein Testament.

Gekrönt werden, dein Glück wird von kurzem Bestand sein.

Gelächter bedeutet Schande.

Gelbsucht, du wirst beneidet.

Geld, deine Freunde lassen dich im Stich.

Geldbeutel verheißt viel.

Gelehrter – Not und Kümmernis.

Gelsen (Mücken, siehe Insekten).

Gemahl, du verlierst dein Liebstes.

Gemälde, du wirst hintergangen.

Gemeines Volk, du bist zu schwach gegen die Überzahl deiner Feinde.

Genesung, überschätze nicht deine Kraft.

Gericht, laß dich nicht durch verstellte Drohungen einschüchtern.

Geschmeide ist Krankheit.

Geschwulst deutet auf Entgang einer Erbschaft.

GREISIN.

Siehst du im Traum eine böse Greisin, so ist dies ein Zeichen, daß du eine mächtige Feindin hast, die dich verfolgt. Das unbestimmte Mißtrauen, das du gegen die schwarzgekleidete Frau in deiner Umgebung hast, ist berechtigt. Hüte dich vor ihr und lasse sie scharf bewachen, aber ohne daß sie es merkt. Du kannst ihren Angriff vereiteln. Siehst du eine gute alte Frau im Traum, so hast du eine treue Beschützerin, von der du nichts ahnst.

Gespenst, so es weiß ist, zeigt dir Glück und Freude an, so es schwarz ist, Trauer und Sorgen.
Gestohlenes Geld – Faulheit und Armut.
Gewehr, Zwistigkeiten erwarten dich.
Gewitter, entscheide dich schnell, sonst kommt dir ein anderer zuvor.
Glas, das Glück scheint dir nahe, aber du erreichst es nicht.
Gift bedeutet unheilvolle Geschenke.
Gläubiger, ein schreckliches Ereignis wird dein Leben in neue, ruhige Bahnen lenken.
Glocke bedeutet Hochzeit.
Glocken, mehrere hören, deutet auf Erniedrigung.
Gold deutet auf großes Schicksal.
Goldfisch, dein Glück enteilt.
Grab deutet auf tragische Enthüllungen.
Graf oder Gräfin, Freundschaft mit ihnen halten bedeutet große Gefahr; ernannt werden Ehrverlust.
Granatapfel deutet auf Fruchtbarkeit.
Gras, so frisch ist, bedeutet erfolgreiche Lebensarbeit.
Grieche – Betrug und Falschheit.
Griechenland – guter Geschäftsgang.
Groll hegen deutet auf Treue.

Großmutter, zeigt Unannehmlichkeiten mit der Polizei an.
Großvater – Familiensorgen.
Grotte – märchenhaftes Glück.
Gutsbesitzer, hüte dich vor Überhebung.

H.

HAARE am Kopf bedeutet Leichtsinn.
Haare am Körper deutet auf Sinnlichkeit und Wollust.
Habicht, ein habgieriger Mensch hat es auf deinen Besitz abgesehen.
Hacke, du wirst bald ein Haus erben.
Hände, verlieren, schlechtes Gewissen.
Hängen sehen, es trachtet dir ein falscher Freund nach dem Leben.
Hagel deutet auf fremde Bosheit.
Hahn zeigt schwere Zwistigkeiten mit einem ehemaligen Freunde.
Hals – Achtung! Du bist in Gefahr.
Hammel – Unglück durch Geilheit.
Hammer – Trauer und Sorgen.
Hand, so rein, bedeutet friedliches Lebensende; so unrein, Mißhelligkeiten in der Ehe.
Handkuß, du gehst in deinem Stolz zu weit.
Handschuhe – hohe Auszeichnung.

Harfe, du wirst dich mit einem Feind versöhnen.

Häscher, deine seelische Befreiung steht bevor.

Harmonika, Mittwoch ist dein Unglückstag.

Harn lassen, du lebst zuviel in deinen Träumereien.

Hase, deine Dummheit führt dich zu großem Glück.

Haus sehen, guter Geschäftsgang, solches kaufen deutet auf Armut.

Hebamme deutet auf verhängnisvollen Beischlaf.

Heilige ist gute Warnung.

Hemd ist Freude.

Hinfallende, Krankheit, zeigt Zahnschmerzen an.

Hinken zeigt Widerwärtigkeiten an.

Hintern, seinen eigenen sehen, ist Schimpf und Schande.

Hirte, große Reise.

Hitze deutet auf notwendige Einschränkung seiner Verhältnisse.

Hochzeit, kränkliche Jahre.

Hoden, ist großer Gewinn.

Hofdame, deine Faulheit ist der Grund deiner verzweifelten Lage.

HEUSCHRECKEN.

Träumst du von einem Heuschreckenschwarm, so ist eine böse Zeit für dein Haus zu erwarten; Verlust einer geliebten Person und Mißerfolg in deinen geschäftlichen Angelegenheiten. Wenn du eine Heuschrecke fängst, so ist kein Zweifel mehr möglich, deine Frau oder Geliebte betrügt dich und nützt dich aus. Sieht man sich eine Heuschrecke essen, so wird man große Schwierigkeiten durch ein einfaches Mittel überwinden.

Hofnarr, große Kränkung steht dir bevor.

Holz, hüte dich vor Spekulationen.

Hosen, solche anziehen zeigt unordentlichen Lebenswandel an.

Hostie, deine dürstende Seele findet endlich ihren Frieden.

Hütte, gedulde dich, alles wendet sich zum besseren.

Huhn, kleinliche Sorgen verbittern dein Dasein.

Hund, eine hochstehende Persönlichkeit sucht dich zu überlisten und auszunützen.

Hunger haben, großer Reichtum, stillen, maßlose Gier.

Hut zeigt vergebliche Arbeit und Mühe an.

I.

ILLUMINATION, hüte deine Geheimnisse besser.

Indianer, deine Rachsucht schießt über das Ziel hinaus.

Infanterist bedeutet Unreinlichkeit.

Insel, ruhiger Genuß eines großen Reichtums.

Irrenhaus, die größte Erniedrigung steht dir bevor.

INSEKTEN.

Siehst du im Traum eine Spinne bei der Arbeit, so werden Schwierigkeiten deine wichtigen Angelegenheiten derart verzögern, daß du keinen Vorteil mehr aus ihnen ziehst; außerdem saugt dich heimlich eine Person unter dem Vorwand aus, dir zu dienen. Sie mästet sich und lauert auf den günstigsten Moment, um dich zu demütigen und zu verlassen. Siehst du dich die Spinne zertreten, so wirst du durch große Energie alles Schlechte überwinden, und der glücklichste Moment deines Lebens naht. Umschwirren dich viele Insekten, so deutet dies auf Verleumdung.

Irrlicht, du wirst auf Händen getragen werden.

Italien, du wirst verbittert eines einsamen Todes sterben.

J.

JAGD, es kommen Briefe ins Haus, die vor dir verborgen werden.

Jagdhund, dein Eigennutz schadet dir.

Jäger, du vernachlässigst deine Geschäfte zu sehr.

Jahrmarkt bedeutet ziemlich Schlechtes.

Jude bedeutet Geldsegen.

Jüdin, großes Liebesglück.

Jüngling, du beneidest einen Verwandten.

Jungfrau, unkeusche Gedanken.

Jungfer, alte, dein Haus wird dir verleidet.

Juwelier, du hast einen wertvollen Gegenstand verloren, suche ihn in deiner nächsten Umgebung.

K.

KÄFIG, rasches Zugreifen nützt dir mehr als übergroße Vorsicht.

Kälte, ein kleiner Eingriff macht alles gut.

Kaffee trinken zeigt Zorn und Zwietracht

an oder eine Verpflichtung, die Unannehmlichkeiten zur Folge hat.

Kahn, deine Situation ist unhaltbar.

Kaiser, mit ihm sprechen, deutet auf Undank.

Kaiserin, mäßige deine Anforderungen.

Kammerdiener, vertraue nicht den Schmeicheleien.

Kammerfrau, man umgibt dich mit einem Lügennetz.

Kanapee, sorgloses Leben.

Kanarienvogel deutet auf Schmeichelei und Falschheit.

Kapelle verkündet Freude und heimliche Liebe.

Kapellmeister – verbotene Sinnesfreude.

Kardinal, großes Familienzerwürfnis mit zweifelhaftem Ausgang.

Kaufmann, du bist zu geizig gegen deine Umgebung.

Katze ist ein ungünstiger Traum.

Kellner oder Kellnerin, du bist mißtrauisch und vertrauensvoll an falscher Stelle.

Kerker bedeutet neues Glück.

Kerzen – Todesfall.

Kind, dein Erfolg wird in den nächsten Jahren noch steigen.

Kirche, dieser Traum ist von großer und guter Vorbedeutung.

Kirschen, du wirst über das Versprochene hinaus belohnt werden.

Kitzeln, keine Entfernung kann dich vor den Folgen einer bösen Tat retten.

Klavier – Streit und Prozeß.

Kleid, so schön, ist befriedigte Leidenschaft, so zerrissen, ist Schande und Tadel, eines nähen, eine Hochzeit steht bevor – waschen, du willst eine häßliche Begebenheit vertuschen.

Klistier, steter Geldmangel.

Kloster, Verwirrung deiner Gefühle.

Klosterfrau, Unglück in der Liebe.

Knoblauch und alle anderen, stark riechenden Kräuter bedeuten Entdeckung verborgener Unehrlichkeiten.

Köchin, du bist mit deinem Schicksal unzufrieden.

König, man sucht dich durch falsche Pracht zu blenden.

Königin, du wirst deinen Leib um eitlen Glanz verkaufen.

Kokosnuß – Gesundheit.

Kometen sehen ist ein seltener Traum, der besonderes Glück verheißt.

Kommandant ist strenge Zucht.

KÖNIG.

Sieht man im Traum den König, ruhig, großmächtig und barmherzig, so bedeutet dies Glück und sorgenloses Leben. Sieht man ihn zornig und finster drohend, so deutet dies auf schlechtes Gewissen, und du sollst dein Leben ändern. Siehst du den König auf herablassende Art mit dir reden und reicht er dir die Hand, so ist dies Tröstung für deine Traurigkeit, für Kranke Genesung.

Kommissär bringt unangenehme Neuigkeit.

Komödiant bedeutet Falschheit.

Komödie, du wirst irregeführt.

Kompagnon, blühender Handel, zugleich aber Zwistigkeiten.

Komplimente hören deutet auf Erniedrigung.

Komponist – Ehre und Berühmtheit.

Kondolieren – Feierlichkeiten.

Konsilium bedeutet furchtbare Angst.

Konterbande deutet auf unverhoffte Rettung, Glückszahl 50.

Konterfei – eine Person aus der Vergangenheit erscheint.

Kontrakt – Vorsicht im Handel.

Konzert – Mißlingen deiner langgehegten Absichten.

Kopfputz – anstehendes Rendezvous.

Korinthen bedeuten Reichtum.

Korn, Gewinn und enormer Reichtum.

Korsett – enthüllte Geheimnisse.

Kot von Menschen Reichtum, von Tieren Krankheit.

Krankheit, so man es selbst ist, deutet auf einen Ausweg aus einer verzweifelten Lage, so andere damit behaftet sind, schwere Sorgen.

Krebs, Glück auf der Reise.

Kredit, schwerer Kummer erwartet dich, vermeide die Nummer 66.

Kreuz – Verdruß, Krankheit, Tod.

Krieg – Glück in der Liebe.

Krokodile, du bist in Lebensgefahr, Nummer 11 ist günstig.

Kropf bedeutet Sterben.

Künstler, du erhältst gute Nachricht von einer lange entbehrten Person.

Kuh, hüte dich vor Gift.

Kurier deutet auf böse Nachrichten und unsichere Zukunft.

Kupido bedeutet Unannehmlichkeiten.

Kuppler oder Kupplerin, überwache im Geheimen an zwei Freitagabenden dein Haus.

Kurtisane – Falschheit und Ruin.

Kuß zeigt Kummer und Unheil an.

Kutsche, aus- oder einsteigen, du wirst verfolgt werden – solche sehen, deutet auf plötzliche Bereicherung, darin fahren, endloser Prozeß – aus derselben herausfallen, unnatürliches Ende.

L.

LACHEN, ein peinliches Erlebnis steht dir bevor.

Lakai, dein ehrlicher Charakter leidet unter der menschlichen Gemeinheit.

Landkarte, Verhandlungen über verwickelte Angelegenheit.

Laterne deutet auf Lüsternheit.

Laubfrosch, du bist zu großsprecherisch.

Laus bedeutet großen Reichtum, Silber, Gold und Edelgestein.

Lazarett, düstere Gedanken.

Lebendig begraben werden, du bist maßlos in deinen Begierden.

Lebendig verbrannt werden deutet auf Unglück in der Ehe.

Leder, du bist überempfindlich und deine Umgebung leidet darunter.

Ledig sein, so man verheiratet ist: Dein Liebesbedürfnis ist unbefriedigt.

Leichenbegräbnis verheißt einen kurzen Glückstaumel.

Leichenträger sein ist gute Erbschaft für mehrere deiner Verwandten.

Lerche, diese hören bedeutet Schmeicheleien.

Leutnant werden, du wirst von einem Unbekannten geliebt.

Liebkosungen, du wirst deinem jetzigen Lieb untreu.

Liebhaber, alles wendet sich zum Bösen.

LIEBE.

Sieht ein Mann sich selbst im Traum mit einem Mädchen in Zärtlichkeit, hat er große Erfolge in der Liebe zu erwarten. Ist das Mädchen häßlich, erwartet ihn Unglück im Geschäft, und seine Liebeshoffnungen sind trügerisch. Für eine Frau bedeutet dieser Traum stets Gutes und ist bedeutungsvoll. Sie wird am Tage nach dem Traum eine Begegnung mit einer Person haben, von der sie lange getrennt war, und diese Begegnung wird für ihre Zukunft von größter Bedeutung sein.

Lieder hören deutet auf glückliche Tage.

Lilien, jemand ringt um dein Vertrauen und deine Zuneigung.

Likör deutet auf unverschämtes Betragen.

Löwe ist ein günstiger Traum und volle Liebesbefriedigung.

Loge, körperliche Leiden und Unglück.

Lotterie, gute Zukunft, sichere Existenz.

Lügen, du bist höher geschätzt und geachtet, als du vermeinst.

Lügner verspricht vornehme Bekanntschaft.

Luxus, du wirst durch eine Einladung überrascht, die dir Nutzen bringt.

M.

MADEN, geheimer Kummer zehrt dich auf.

Mädchen am Fenster sehen, ungestillte Begierde, solches küssen, Zank und Streit, mit demselben tändeln oder tanzen, verborgener Liebesgram und Trostlosigkeit, weinen sehen, Hochzeit, dieses verführen, schwerer Schicksalsschlag.

Magen, deine Zukunft ist gesichert.

Mager sein, dein bösartiges Gebaren macht dich unbeliebt.
Mahlzeit ist ein verhängnisvoller Traum.
Maikäfer, mehrere Schicksalsschläge stürzen dich vorübergehend ins Elend.
Maler, langes Leben.
Mann, eigener, eine andere Frau sucht deinen Mann für sich zu gewinnen.
Mantel, ihn anziehen bedeutet Reisevorbereitungen, ihn ablegen lange Krankheit.
Markt, du findest neue Freunde.
Marmor, genieße deinen Reichtum, ehe es zu spät ist.
Martern sehen bedeutet Lebensrettung.
Maschine, dein regelmäßiges Leben bringt dir einen glücklichen friedevollen Lebensabend.
Maske, fremde Menschen beschäftigen sich mit deiner Zukunft.
Maskenball ist eine letzte Warnung, die böse Tat, die du vorbereitest, nicht zu begehen.
Matrone, dir stehen schlaflose Nächte bevor.
Matrosen, bedeutet einen Heiratsantrag von einem fernen Freund.
Maultier, zahlreiche kleine Diebstähle.
Maus, du überwindest deine Widersacher.

Medizin, deine Hoffnungen bleiben unerfüllt.

Meer sehen ist hohe Freude und Glück, ist es stürmisch bewegt, ist eine Lebensgefahr in Aussicht, darin baden bedeutet Wohlleben.

Melone, ein längst vergessener Schuldner bezahlt dir seine Schuld.

Menschen, einen unbekannten im Traume sehen, bedeutet, eine einflußreiche Persönlichkeit wird dir zur Seite stehen.

Messer, du wirst deine Stellung verlieren.

Metzger, man wird dir mit Grausamkeit begegnen.

Meuchelmörder, große Undankbarkeit von seiten eines Freundes und langes Leben.

Mieder, du wirst deine Fesseln von dir werfen.

Milch ist gut, deutet auf Segen und großen Reichtum.

Minister, dein Glück wird von kurzer Dauer sein.

Mist, du entdeckst durch Zufall, daß man dir böse mitspielen wollte.

Mißgeburt deutet auf schweres Verbrechen.

07 / Riesenlanger Stör (Hecht, Wels?) lebend auf Tisch (Toter) Bruder steht daneben

MEERBEWOHNER.

Träumt man, daß man große Fische ißt, so ist großer Gewinn und freudige Überraschung zu erwarten. Für Liebende ist dieser Traum schlecht, die geliebte Person ist kalt und teilnahmslos. Sieht man tote Fische im Traum, so wird ein unerwartetes Ereignis eintreffen, das große Enttäuschung nach sich zieht.

Mißhandelt werden, du wirst dein Heim verlieren.

Mönch, dein Lebensschicksal wird sich jäh verändern.

Mond hell und klar, deine Not hat ein Ende – so verschleiert, verheißt er nichts Gutes.

Mord, plötzlicher Reichtum.

Mörder, Langlebigkeit.

Mücken (siehe Insekten).

Mühle, du gerätst in Gefahr.

Mund, eine Person, die unfern von dir wohnt, kann dir wichtige Aufschlüsse geben.

Musik, Trost und Besserung deiner Verhältnisse.

Mutter, du siehst einen lange Totgeglaubten wieder – solche beleidigen deutet auf langanhaltenden Zwist – sterben sehen langes Leben deiner Mutter.

Myrten, du wirst dich mit einer anderen Person verheiraten als mit der, die du jetzt im Sinn trägst.

N.

NABEL, du bist zu sehr mit dir selbst beschäftigt.

NACKTHEIT.

Sieht man sich nackt oder mangelhaft bekleidet unter vielen Menschen, so bedeutet dies, daß man satanische Pläne hat, entdeckt wird und entehrt aus der Gesellschaft ausgestoßen wird. Sieht man im Traum eine nackte Frau und ist dieselbe weiß, üppig und verführerisch, so sind große Freuden und außergewöhnliches Gelingen aller Pläne zu erwarten. Ist die Frau alt, häßlich und schwarz – Kummer und Verzweiflung.

Nachbar, in deiner kurzen Abwesenheit geschehen unerlaubte Dinge.

Nachkommenschaft, was du erhoffst, wird dir Unheil bringen.

Nacht, ist große Gefahr.

Nachteule, deine Ehrlichkeit wird angezweifelt werden.

Nachtgeschirr, du bekommst Logierbesuch.

Nachtigall hat gute Vorbedeutung.

Nachtwächter, Zank in der Familie.

Nadel, durch kleinen Anlaß große Streitigkeiten.

Nähen, geordneter Hausstand.

Nagel, vertraue nicht zu sehr auf die Wirkung deiner Erscheinung.

Närrisch werden, langes Leben in gedrückten Verhältnissen.

Narbe, erinnere dich an Vergangenes, um nicht die gleichen Fehler wieder zu begehen.

Nase, wer dieselbe vergrößert sieht, wird reich und mächtig.

Nasenbluten, du lösest eine Fessel, nur um eine schwerere auf dich zu nehmen.

Naß werden, du entledigst dich auf bequeme Weise einer lästigen Person.

Natter (siehe Reptil).

Nebel, beim Mann wissenschaftliche Erfolge, bei Frau Liebesglück.

Nebenbuhler, eine gewisse Person kreuzt wieder deinen Lebensweg.

Neid, ein treues Herz kann dich nicht vergessen.

Nest eines Vogels, dein Glück bleibt dir treu – einer Schlange, mehrere Personen setzen sich bei dir fest, und du kannst dich nur schwer von ihnen befreien.

Niederkunft, dein Liebesglück wird belauscht.

Nonne werden, du wirst dein Herz an einen jungen Tunichtgut verlieren – solche sehen ist eine Warnung; befürchte das Ärgste.

Notdurft vor anderen Leuten verrichten: Du weißt nicht, wie verhaßt du bist.

Notzucht, du wirst dein Ziel erreichen.

Nymphe fliehen sehen, du wirst deines Leibes wegen geliebt.

O.

OBERST, große Auszeichnung.

Obrigkeit, das kommende Jahr wird dir schwere Sorgen bringen.

Obst deutet auf langes Leben.

Obstbaum, Gesundheit bis ins hohe Alter.

Ochs, verzweifle nicht, du wirst wieder geliebt werden.

Öl deutet auf Glück und Reichtum.

Ölbaum, Friede in der Familie.

Ofen, baldige Krankheit.

Offizier, du kommst in Konflikt mit der Obrigkeit.

Ohnmacht, sieht man sich selbst in Ohnmacht, so wirst du von Fremden unterstützt, sieht man einen anderen: Du erfährst von einem schweren Verbrechen.

Ohren, du wirst in nächster Zeit eine große Leidenschaft erwecken.

Ohrfeigen austeilen deutet auf Friede im Hause, solche erhalten: Sei vorsichtiger in der Wahl deiner Freunde.

Ohrringe, reiche Heirat.

Oliven, deine Zwistigkeiten werden bald ein Ende haben.

Onkel, sei freundlich gegen das Alter, du wirst Vorteile ziehen.

Oper, lebe nicht so zurückgezogen, du solltest dich zerstreuen.

Operieren, dich drückt ein geheimer Kummer, vertraue dich deinem Freunde an.

ORGIE.

Sieht man im Traum eine Orgie als Zuschauer, so bedeutet dies Unruhen, Mißstimmung und Streit im Hause.

Träumt ein Mädchen oder eine Frau von einer Orgie, ist größte Vorsicht geboten in ihrem Verkehr mit Männern – eine Katastrophe bedroht sie, ein schleichendes Gift ist unter Rosen versteckt. Sieht man sich selbst inmitten einer Orgie, so bedeutet dies rettungslose Vernichtung, für alte Leute den Tod.

Opium, du wirst eine große Reise machen.

Orangen, deine Kleidung macht dich lächerlich.

Orgel, Befriedigung deiner geheimsten Wünsche.

Orkan, du verlierst einen Teil deines Vermögens durch die Schuld anderer.

Ornament, laß dich durch deine ersten, leichten Erfolge nicht verblenden.

Ort, fremder, große Festlichkeit und Ehren erwarten dich.

Ostern, traurige Tage für dich und deine Familie.

Ottern (siehe Reptil).

P.

PAAREN, Zwistigkeiten in der Ehe.

Palast, änderst du nicht bald deine Lebensweise, so wirst du eine geliebte Person verlieren.

Palmzweig, du kommst zu unverdienten Ehren.

Papagei, gehe unentwegt deinen dir vorgezeichneten Weg.

Papier, du wirst deinen Aufenthaltsort wechseln, solches zerreißen: Dein Unverstand stürzt dich in Widerwärtigkeiten.

PEIN.

Wenn du dich im Traum gepeinigt siehst, so wird dir dein ungehöriges Betragen den Menschen gegenüber Kummer bringen. Siehst du einen anderen gepeinigt und in Nöten, so ist es für diesen von schlechter Vorbedeutung, für dich jedoch ist es sehr günstig. – Ändere jedoch dein Benehmen der Welt gegenüber, man spricht schlecht über dich.

Papst, du wirst größere Anerkennung bei Fremden finden als in deiner Familie.

Paris, lasse dich nicht zu unrechten Dingen verleiten.

Peitsche, deine Herrschsucht wird dir Schaden bringen.

Pelz, deine hervorragendsten guten Eigenschaften werden nicht gewürdigt. Unwürdigen fällt zu, was dir gebührt.

Perlen, bedeuten Tränen.

Perücke, Hinterlist und Tücke.

Pest, in frühen Jahren wirst du ewigen Ruhm ernten.

Pfarrer, du wirst der Stolz deiner ganzen Familie werden.

Pfau, du bist besser als dein Ruf.

Pfeife, deine Umgebung leidet unter deiner Kälte.

Pfeil abschießen: Du stürzt dich leichtsinnig ins Elend – getroffen werden: Ein wichtiges Dokument wird dir abhanden kommen.

Pferd, schwarzes: Ein Fremdling sucht dir zu schaden – weißes: Freude und Erhebung – rotes: Zwietracht – braunes: Glück – dreifarbiges: Reichtum, Glück und Segen.

Pilger, Nachrichten aus der Ferne.
Pistole, schlechtes Gewissen.
Pöbel, du stehst in Feuersgefahr.
Podagra (Fußgicht), du bist zu nachgiebig und zu versöhnlich.
Polterabend, der Mensch, der dir auf dieser Welt am meisten gilt, haßt dich.
Portefeuille, die Mißwirtschaft in deiner Familie richtet dich zugrunde.
Portugiese, du fällst Betrügern in die Hände.
Postwagen, hüte dich, mit Fremden Karten zu spielen.
Pracht, du wirst langsam und allmählich in Not geraten.
Prinz, baldige Standeserhöhung.
Prinzessin, eine ältere Person verfolgt dich mit ihrer Gunst.
Provinzler, du bist kleinlichen Unbilden ausgesetzt.
Prozeß, für Gesunde Krankheit, für Kranke Tod.
Prüderie, hüte dich vor jungen Frauen und alten Jungfern.
Puder, du wandelst auf schlechtem Pfade, und dein Verderben ist unausbleiblich.
Puppe, dem Weibe eine Miß- oder Fehlgeburt, dem Manne schwerer Ausschlag.

Purpur bedeutet Verstümmelung.
Putzmacherin, vorteilhafter Einkauf.

Q.

QUÄLEN deutet auf ungewisse Zukunft.

Quecksilber, dein wiederholter Meinungswechsel bringt dir Schaden.

Quelle, so solche eingetrocknet ist, Armut und gewaltsamer Tod, so sie frisch hervorsprudelt, Glück und Reichtum, daraus trinken, baldige Genesung.

Quitten, ein fremdes Geheimnis lastet auf dir.

Quittung oder Rechnung deutet auf unerwartete, materielle Hilfe.

R.

RABE sehen bedeutet Katastrophe, um den Kopf fliegen sehen großes Familienunglück, verscheuchen bedeutet großes Unglück, im letzten Moment abgewendet.

Rabbiner sehen oder sprechen, beglückende Nachricht.

Rache nehmen, langwieriger Prozeß.

Rachen, jemand setzt große Hoffnung auf dich.

REPTIL.

Siehst du im Traum eine Schlange oder ein anderes Reptil, so hüte dich. Ein furchtbarer Feind umschleicht dich und wartet den günstigsten Augenblick ab, um dich zu vernichten. Du bist schon umgarnt und bist mit jedem Tag mehr in seinen Netzen verstrickt. Kommt dir die Schlange nahe, so sind die Schmeicheleien, die du für aufrichtige Zuneigung hieltest, falsch und gefährlich. Siehst du, daß sich eine Schlange in dein Haus schleicht, so hüte dich vor einer Person, die nicht bei dir wohnt, aber häufig in der Abenddämmerung ohne dein Wissen dein Haus betritt.

Rad am Wagen, eine zänkische Person verbittert dir das Leben.

Rätsel, deine Zukunft liegt in der Hand eines andern.

Räuber, wirst du von ihnen gefangen, so wirst du eines deiner teuersten Güter einbüßen. – Von ihnen erschlagen werden: Jemand sucht dich durch Intrigen von einer geliebten Person zu trennen.

Raketen, du wirst in deinem neuen Anzug Verdruß erleben.

Rasen oder Gras, du wirst vornehme Verwandtschaft bekommen.

Raserei, ein kleiner Irrtum bringt schwere Folgen.

Rasieren, Ehrverlust und schmählicher Tod.

Ratten, drohende, heimliche Gefahr.

Rattenkönig erschlagen, sein Haus von boshaften Gästen reinigen.

Raubvogel, eine dir liebe Person ist in Gefahr.

Rauch, ein Gelöbnis, das du dir selbst gemacht hast, brechen.

Rauchfangkehrer, ist immer ein glücklicher Traum.

Rauferei, du wirst einen Schwindler kennenlernen.

Raupen, der Verkehr mit der Person bringt dir schwere Krankheit.

Rausch, du wirst unzüchtig und schlecht werden.

Raute deutet auf halbes Glück.

Rebell deutet auf üppiges Leben.

Rebhuhn, deine Bescheidenheit bringt dir Schaden.

Rechnen, dir verhaßte Menschen leben auf deine Kosten.

Rechtsfreund, bewache unbemerkt deine Nachbarn.

Regen bedeutet Segen.

Regenbogen bringt allen Trost.

Regenschirm, deine Reue kommt zu spät.

Regenwürmer deuten auf einige Tage voll Kummer.

Regierung, ein naher Verwandter kommt zu unerwarteten Ehren.

Reh, kleiner Profit.

Reichtum, Unfall im Wasser.

Reicher, vornehme Freunde lassen dich im Stich.

Reis, glückliche Ehe.

Reise, zu Fuß, du wirst dich noch längere Zeit nicht entschließen zu wagen; dein Liebesglück naht seinem Ende.

Reiten, du wirst eine große Leidenschaft empfinden.

Rekruten sehen, du gerätst in schlechte Gesellschaft.

Rennbahn deutet auf Aufregungen aller Art.

Retirade, du wirst von Verwandten mißachtet.

Reue, dein Ratgeber hat recht.

Rezept, verheimliche deinen Zustand.

Richten oder Köpfen, baldiges Liebesglück.

Richtplatz, ehrenvolle, gut bezahlte Stellung.

Riese, du bist zu schwach gegen deine Umgebung.

Ring, Gefangenschaft.

Ring, so er kostbar ist, du wirst auf Eigennutz heiraten.

Ring verlieren, die Verlobte heiratet einen anderen Mann.

Rippe, du wirst begehrt.

Ritter oder großer Herr, du kannst ein wertvolles Geschenk erwarten.

Rock, du wirst vornehmen Besuch erhalten. – So er voll Flecken ist: Du wirst dich in Schulden stürzen.

Rosen sind ein gutes Zeichen in der Rosenzeit. Außer dieser Zeit zeigen sie schlimme Zustände an. Der Traum deutet aber stets auf Liebe.

Rudern, du findest dein Glück auf dem Wasser.

Rücken, es bereitet sich etwas vor.

Rufehören, baldiger Tod.

Ruine, ein merkwürdiger Zufall bringt dich auf die Spur eines Geheimnisses.

Runzeln, du bleibst lange jung.

Rutschbahn deutet auf Unordnung im Geschäft.

S.

SAAL, kleiner Liebeszank.

Säbel, laß dich nicht unterdrücken.

Säufer, ein Eindringling verbittert dir dein Leben.

Säugen, den Armen Glück, den Reichen Unglück, Ledigen baldige Hochzeit, Verheirateten Witwenstand, Soldaten Unglück.

Salon, suche eine Aussöhnung mit dem Menschen, der schlecht von dir spricht.

Salz, wenn du es verschüttest, unabwendbares Unheil.

Samen, schweres Arbeitsjahr.

Sammet, du wirst aus gewissen Gründen scharf beobachtet.

Samstag deutet auf günstiges Endergebnis.
Saphir, vertraue auf die Zukunft!
Sarg, hüte dich vor Betrug.
Satt sein ist ein guter Traum.
Satyr, sei zurückhaltender in den Liebesäußerungen, du machst dich lächerlich.
Sau deutet auf glückliches Weihnachtsfest.
Schaf bedeutet geschäftlichen Nutzen.
Schäfer, du wirst etwas gewinnen.
Schale, du versäumst eine große Gelegenheit.
Scham, begegne deinem Unglück, ohne andere ins Vertrauen zu ziehen.
Schande, verzweifle nicht, es wird bald besser werden.
Scharfrichter ist Siechtum.
Schatten, suche so rasch als möglich aus deiner jetzigen Situation herauszukommen.
Schaukelpferd bedeutet Kinderreichtum.
Schaum, ein Unschuldiger erleidet eine Strafe für dich.
Schauspieler ohne Schauspielerin, dein Verdacht ist unbegründet.
Scheiden deutet auf Wohlergehen.
Scheiterhaufen, ein wohlwollender Freund bringt dich unabsichtlich in üble Lage.

Schenke, Kummer, Mangel.
Schenkel, in der Fremde sterben.
Schere, verschiedenartige Vorteile.
Schergen, du erwirbst dir den Dank einer hochgestellten Frau und sicherst dadurch deine Zukunft.
Scherz, du bist zu gutherzig.
Schießen, du hast zu wenig Energie.
Schiff, frohe Tage.
Schiffbruch leiden, gutes Glück in deinen Sachen.
Schildkröte, sei auf einen Angriff von befreundeter Seite gefaßt.
Schimpfen, du wirst Gehässigkeit erfahren.
Schinder, du wirst in steter Angst leben.
Schlachthaus zielt auf unlauteren Gewinn.
Schlafengehen, dir ist noch eine Frist von 5 Monaten gegeben.
Schlagen, du wirst dich verlieben.
Schleichen, du wirst dir böse Untugenden angewöhnen.
Schleier, suche nicht in Geheimnisse einzudringen, die dir besser unenthüllt bleiben.
Schlinge, du wirst dich einer Verfolgten annehmen und dadurch große Unan-

nehmlichkeiten haben, bleibst aber siegreich.

Schlitten, neue Geschäftsverbindungen, dein Mißtrauen gegen deinen Freund ist unberechtigt.

Schlosser, du wirst durch einen geringfügigen Anlaß dein Selbstvertrauen verlieren.

Schloß, du wirst deinen Freunden Böses mit Gutem vergelten.

Schlucht, vertausche nicht dein bescheidenes Glück gegen eine ungewisse Zukunft.

Schlüssel, mächtige Feinde suchen dich in die Enge zu treiben.

Schmeichelei deutet auf Ehrverlust.

Schmetterling, deine Eitelkeit verführt dich zu großen Torheiten.

Schmied bedeutet Unglück.

Schminke, eine Person, die du hochschätzt, wird dir abtrünnig.

Schmuck, du hast in der Zukunft etwas Gutes zu erwarten.

Schmutz, Besuch von Schmarotzern.

Schnecken, mach rasch die geplante Reise.

Schneckenstiege, nur Geduld, du kommst zum Ziel.

Schnee, du wirst in Kürze eine günstige Antwort erhalten.

Schönheit, du wirst Geld verdienen.

Schokolade bedeutet Wollust.

Schoß, auf einem solchen sitzen: Du wirst geliebt werden.

Schreckbild, furchtbare Enttäuschung.

Schrecken – Freude.

Schreiben, man gedenkt in Sehnsucht deiner.

Schürze, du bist moralisch verblendet.

Schuhe, so zerrissen sind: Plage und Jammer, so sie rein sind: kleinere Widerwärtigkeiten.

Schule, du verfällst wieder in deine alten Fehler.

Schwägerin, wenn deine gestorben ist: ist gut.

Schwärmen, Sekkaturen erwarten dich.

Schwalbe, du wirst eine führende Rolle einnehmen.

Schwan, trotz Mißgunst wirst du siegen.

Schwanger, unangenehme Neuigkeit.

Schwarz – Trübsal und Trauer.

Schweif deutet auf großen Reichtum.

Schwein ist ein glücklicher Traum.

Schweiß, du wirst eine leichtere Krankheit überstehen.

Schwiegermutter, heimliche Bosheit.
Schwiegervater, du bist zu leichtgläubig.
Schwimmen: sehr guter Traum.
Schwindsucht, jemand rechnet mit deinem Tod.
Schwur, eine Lüge wird über dein Leben entscheiden.
See deutet auf Hindernisse.
Seeräuber – Tod in Flammen.
Segel, benütze die günstige Strömung.
Seide bedeutet frohe Feste.
Seife – Beleidigung.
Sense deutet auf einen Todesfall.
Serail (Wolltuch), deine Treulosigkeit wird hinterbracht.
Sinnlichkeit, eine neuerliche Erkrankung steht dir bevor.
Sirene deutet auf Falschheit.
Sklave deutet auf Reisen in die Fremde.
Skorpion, du wirst dich mutwillig in eine große Gefahr begeben.
Soldat, du bringst einen anderen unabsichtlich in Lebensgefahr.
Sonne, aufgehen sehen: Hoffnung und Glück, sie untergehen sehen: endgültige Vernichtung deiner Hoffnungen.
Spaziergang deutet auf denkwürdige Begegnung.

SELBSTMORD.

Siehst du einen Selbstmörder, so wirst du in späten Jahren den größten Ruhm und Reichtum ernten. Ist der Selbstmörder ein Freund oder Verwandter, so wirst du eine große Gefahr glücklich überstehen. Siehst du dich selbst im Begriffe, dir das Leben zu nehmen, so bedeutet das: Vertraue deiner Umgebung, sie will dein Bestes und wird dich aus einer schwierigen Situation retten.

Spiegel ist kein guter Traum, manchmal unheilverkündend.
Spinne (siehe Insekten).
Spion, schändlicher Verdienst.
Spital, du wirst aus einer Verlegenheit gerettet.
Spitzen, ein Liebesverhältnis in deiner Umgebung wird dir viel Ärgernis bereiten.
Stadt, dein Lebensgefährte verändert sein Verhalten dir gegenüber.
Stecknadel zeigt Zorn und Ärger an.
Steg, man will dich herausfordern.
Steine, wertlose, bedeutet Reichtum; kostbare, deutet auf Verarmung.
Sterben ist Freude und Glück.
Stern: glückverheißender Traum.
Stiege, hinaufsteigen: Ehrenstellen, hinabsteigen: Ehrverlust, Schande.
Storch, kleine Reisen.
Strafe – Streitigkeiten ohne Ende.
Strang, dein Leben ist in Gefahr.
Straße, angenehme Überraschung.
Stroh – Glück in der Kunst.
Sturz, deine Übeltat bleibt ungesühnt.
Stute, schöne: gute Frau; so sie alt ist: böses Weib.

Sultan, du bist schlecht beraten.
Sünde, du wirst dich selbst verraten.

T.

TABAK deutet auf Widerwärtigkeiten.
Tadel, deine Wünsche sind unerfüllbar.
Tändeln, entferne schnell eine Person aus deiner Nähe.
Tänzer, sei weniger ungestüm.
Tal deutet auf dauernde Zufriedenheit.
Tandelmarkt, wichtige Neuigkeiten.
Tannen bedeuten Glück.
Tanz, schöne Zukunft.
Tanzschule, dein Vorhaben ist undurchführbar.
Tapetentüre, die Trennung von der geliebten Person bringt dir Trübsal.
Tapferkeit, du bist deines Erfolges zu sicher.
Taschenspieler, du wirst von Neuerungen unangenehm überrascht werden.
Tatar, du wirst unschuldig angegriffen werden.
Taube – Glück im Spiel.
Taufe, du beginnst ein neues Leben.
Tempel, du wirst in der Fremde Ungemach erdulden.
Tenor, du machst eine Bekanntschaft, die

von kurzer Dauer, aber von größter Bedeutung für deine Zukunft ist.

Teppich, vornehmes Geschenk.

Testament, deine Familie triumphiert über dich.

Theater, du hast Unannehmlichkeiten durch Nachbarn.

Tier, wildes: viele Feinde, zahmes: gute Freundschaft.

Tiger, ein unschädlich geglaubter Feind macht sich von neuem bemerkbar.

Tisch, große Freuden.

Tod deutet auf Familienereignis.

Toilette deutet auf große Konkurrenz.

Toller Hund, entsetzlicher Unglücksfall.

Toller Mensch – Katastrophe.

Totenbahre bedeutet viel Geld.

Totenkopf, du bist der Gegenstand eines geheimnisvollen Zwistes.

Tränen deuten auf hohe Würden.

Tragödie, du verlierst den Menschen, der dich am liebsten hat.

Traube zeigt Wohlstand und guten Geschäftsgang an.

Trauer bedeutet dir künftiges Glück.

Traurigkeit – Lustigkeit und Frohsinn.

Treue, du solltest der geliebten Person mehr Liebe zeigen.

TEUFEL.

Sieht man im Traum den Teufel, so bedeutet das viel Gewinn, verbunden mit Schlauheit und Verwicklungen, die deinen Gewinn zu verschlingen drohen. – Siehst du dich im Gespräch mit dem Teufel, so ersteht dir ein hinterlistiger Feind, aber er ist bestechlich; durch ein größeres Geschenk wird er von seinen verderblichen Plänen ablassen und du bist gerettet.

Trinken, sei mäßig im Genuß.
Triumph deutet auf Elend.
Trödler, du wirst verraten und verlassen.
Trommel und Trompete, böse Nachrede oder unerwarteter Tod.
Trübsinn bedeutet Mißgeschick.
Trümmer – Unvorhergesehenes.
Trunkenheit, du wirst dich lächerlich machen.
Türe, baldiger unangenehmer Besuch.
Türke – Gunst bei Frauen.
Tugend, dieser Traum ist eine letzte Warnung des Schicksals.
Tulpe, du leidest unter Eitelkeit und Dünkel.
Turm – Ehre, Glück und Freude.
Turnen – Gesundheit.
Tyrann, mehrere Menschen haben sich gegen dich verschworen.

U.

ÜBEL, leichtes Unwohlsein.
Überfahren werden, deine Feinde haben die Oberhand.
Überfallen werden – Zank in der Ehe.
Überraschung deutet auf lästigen Besuch und freudige Botschaft.

UNGLÜCK.

Sieht man sich arm, unglücklich, in schmutzigen Kleidern, als Bettler, so wird man eine große Erniedrigung erleiden. Sieht man viele Unglückliche, Bettler oder Landstreicher, so wird man aus einer unehrlichen Angelegenheit großen Nutzen ziehen. Ist man mitten unter diesen Menschen, so droht Verurteilung und Gefängnis, sieht man sie nur aus einiger Entfernung, so kann man sich seines Nutzens erfreuen, es werden keinerlei Sorgen daraus erwachsen.

Überrock, sei weniger mitteilsam. Deine Aufrichtigkeit bringt dir Schaden.

Ufer, glückliches Gelingen aller deiner Pläne.

Uhr deutet auf segensreiche Arbeit, schlagen hören auf einen traurigen Abschied.

Uhrmacher, du willst ein Unrecht wiedergutmachen, aber es ist zu spät.

Uhrzeiger, beeile dich mit deinem Vorhaben.

Uhu deutet auf Tod in der Nachbarschaft.

Umarmen, du wirst im Hause betrogen werden.

Umgebracht werden – Unruhe und Angst.

Unbarmherzigkeit, du findest einen verloren geglaubten Gegenstand.

Undankbarkeit zeigt frohe Feste an.

Uneheliches Kind, unverhoffter Gewinn.

Unfruchtbar ist ein unheilvoller Traum.

Ungeduld, große Hilfe von einer fremden Person.

Ungerechtigkeit, deine Geschäfte leiden großen Schaden.

Ungewitter, deine Lage wird sich bessern.

Ungeziefer deutet auf Geld.

Unkraut, Mißgeschick im Geschäft, in der Liebe, Familienszenen, Zusammenbruch aller Hoffnungen.

Unordnung, für den Armen Reichtum, für den Reichen Armut.

Unsinn, hüte dich vor der schwarzen Frau.

Unterhaltung, du wirst um dein Liebesglück beneidet.

Unterrock, du wirst eine Gelegenheit ungenützt vorbeigehen lassen, die nie wiederkehrt.

Urin ins Bett lassen deutet auf Unehre und Verächtlichkeit, Urin trinken deutet auf Gesundheit und langes Leben.

Urne bedeutet einen Tod, der dir gleichgültig ist.

Urteil – Große Trauer.

V.

VAGABUND, du bekommst einen gefährlichen nächtlichen Besuch.

Vampyr, eine Person hat sich gegen dich verschworen, um dich auszubeuten.

Vater – Glück für die ganze Familie – so er tot ist: böses Vorzeichen und Schande.

Vatermord, du bekommst ein unerwartetes Geschenk.

Veilchen deutet auf bescheidenes Glück.
Venus, du bist viel zu leichtsinnig.
Verarmung, laß dich nicht zu Spekulationen verleiten.
Veränderungen, dein Geschäftsfreund sucht dich zu hintergehen.
Verbannung, es wird ein böses Ende mit dir nehmen.
Verbergen – Glück und Hilfe.
Verbrennen, so das Haus brennt: Tod im Haus. Im allgemeinen Unglück in der Ehe und Mißgeschick.
Verdruß – Ehelosigkeit oder Scheidung und persönliche Unannehmlichkeiten.
Verehrer, dein Vertrauen bringt dir Trauer und Bitterkeiten.
Verfaulen, unerfüllbare Wünsche.
Verfolger, dein Feind kann dir nicht schaden.
Verführer, suche deine Leidenschaft vor deiner Umgebung zu verbergen.
Vergessen, du wirst die geliebte Person verlassen.
Vergiften deutet auf Krankheit und Unglück.
Vergißmeinnicht – Unerwartete gute Nachricht.

VERSCHMÄHTE LIEBE.

Wenn du dich im Traum verschmäht siehst, hüte dich vor einem deiner besten Freunde; die Frau, die dir Treue geschworen hat, ist im Begriffe, dich zu betrügen. Siehst du sie lachend und übermütig, ist alles verloren, deine Vorsicht kommt zu spät. Siehst du sie traurig und niedergeschlagen, so lasse die geliebte Person nicht aus den Augen – das Unglück kann von dir abgewendet werden.

Verhöhnen, jemanden, du übertreibst zu viel.

Verhungern – Glück und Gesundheit.

Verirren, du findest zu deinem liebsten Freund zurück.

Verlangen, es sucht dich jemand zu Schlechtem zu verleiten, nimm dich in acht!

Verlassen werden, träumt eine schwangere Frau vom Verlassenwerden, so wird sie die Liebe ihres Mannes durch ihr Betragen verscherzen – sonst eine überraschende Wohltat eines Feindes, der sich mit dir versöhnen möchte.

Verlegenheit, du wirst mehr erreichen, als du erhofftest.

Verliebt sein, du wirst Bitteres von einer Person erleben, der du viel Gutes getan hast.

Verlobung, für Ledige ein äußerst günstiger Traum, für Verheiratete Familienzwist und Betrug.

Verlöschen, du bleibst im Alter einsam und allein.

Vermächtnis, lass dich von niemandem bereden, du findest selbst den rechten Pfad.

Vermögen deutet auf Geldverlust.

Verräter, deine satanischen Absichten führen dich und deine Familie ins Verderben.

Versammlung, glänzende Familiennachrichten.

Versatzamt deutet auf Armut durch die Schuld anderer.

Verschenken, gute Ratschläge von treuen Freunden, die du befolgen sollst.

Verschweigen, du würdest gut tun, zu verkaufen, was du besitzt.

Verschwender, die Wohltat, die du einst einem Feinde erwiesen hast, bringt dir großen Nutzen.

Verschwinden, du verlierst einen Freund, gewinnst aber dafür einen besseren.

Verschwörung, so man daran teilnimmt: Du erleidest einen unersetzlichen Verlust – solche sehen, sei aufmerksam gegen deine Umgebung.

Versperren, die geliebte Person verbringt seine Zeit mit anderen.

Verunreinigt werden, sind Hände und Gesicht verunreinigt, so beginne mit Mut dein Vorhaben, es wird dir gelingen. Bist du ganz verunreinigt, zeigt dies deinen Ruin an, veranlaßt durch deine unvernünftige Lebensführung.

Verurteilter, meide zukünftig schlechte Gesellschaft. Krankheit und große Bedrängnis.

Verwandte, nahe deuten auf Zärtlichkeit und Frohsinn; entfernte, mehrere Personen arbeiten an deinem Untergang.

Verzeihung, du versöhnst dich mit deinen Feinden und gewinnst dadurch die treuesten Anhänger.

Verzweiflung – Mißerfolg in der Liebe – aber eine Bitte wird dir von anderer Seite gewährt.

Vieh deutet auf Geld und gute Nachrichten.

Violine – Unterhaltung und Glück.

Visite, du ziehst Nutzen aus dem Schaden eines anderen.

Vogel, scheu, ist Schaden; fliegen, lügnerische Nachricht; fangen, Mißgeschick; essen, man verlacht dich.

Volk, du wirst einer aufregenden Szene beiwohnen.

Vorhang, du wirst etwas erfahren, was dir besser verborgen geblieben wäre.

Vormund, du hast von der Zukunft nichts zu befürchten.

Vorzimmer, bleibe in deinem Wirkungskreis.

W.

WAAGE deutet auf frühzeitiges Altern.

Wachs, dein Vorhaben ist gut, aber du hast noch große Unruhen, bevor du zum Ziele kommst.

Wachskerze ist ein verheißungsvoller Traum.

Wächter, in deinem Hause gehen Dinge vor, die dich in der Umgebung unmöglich machen.

Waden, so sie groß sind, ist ein günstiger Traum und sehr glückbringend – so sie schwach sind: Deine Untergebenen bestehlen dich.

Wähler, ein falscher Freund sucht dich zu umgarnen.

Waffen – Zänkereien mit Verwandten oder Freunden.

Wagen deutet auf Ehre, so du daraus fällst, verlierst du deine Stellung oder deinen Lebensgefährten.

Wahrsagerin, deine Sinnlichkeit drängt dich in eine gefährliche Situation.

Wald, so er dicht ist: schlechte geschäftliche Lage, aus der du dich nicht mehr zurechtfinden kannst – so er brennend ist: großes Ereignis.

Walfisch, ist er im Meer: dringende Gefahr; ist er am Land: ein unerwartetes und unheimliches Ereignis.

Wallfahrt, eine große Ehrung steht dir bevor und ein großes Glück für dich und dein Land.

Walzer, deine Zukunft gestaltet sich glänzender, als du zu hoffen wagst.

Wanderschaft – Kummer und Sorge.

Wangen, für Frauen ein besonders guter Traum. Erfolg, Liebe und Achtung.

Wanne, große Trauer durch Undankbarkeit oder Untreue – so eine Frau davon träumt, so erfährt sie ein furchtbares Geheimnis von ihrem Mann.

Wanzen deuten auf zudringliche Bekanntschaft, Ärger, Streit, Unannehmlichkeiten, davon gebissen werden Reichtum.

Ware – Glück im Handel.

Warze, deine Wünsche sind unerfüllbar und deine Eitelkeit bringt dir Schaden.

Wäsche, böse und üble Nachreden, unanständige Schwätzereien.

WANDERNDES VOLK.

Siehst du dich selbst als Akrobat im Traum, ist das ein Zeichen, daß deine Unternehmungen am Rande des Abgrunds stehen. Du handelst leichtsinnig. Siehst du andere im Traum Akrobatenkunststücke vollführen, so traue deinen Freunden nicht, sie spielen dir Falsches vor und verleumden dich hinter deinem Rücken. – Sei auf der Hut, eine Person, die dich in auffälliger Kleidung besucht, forscht dich auf versteckte und hinterlistige Weise aus und gibt deine teuersten Geheimnisse deinen Feinden preis.

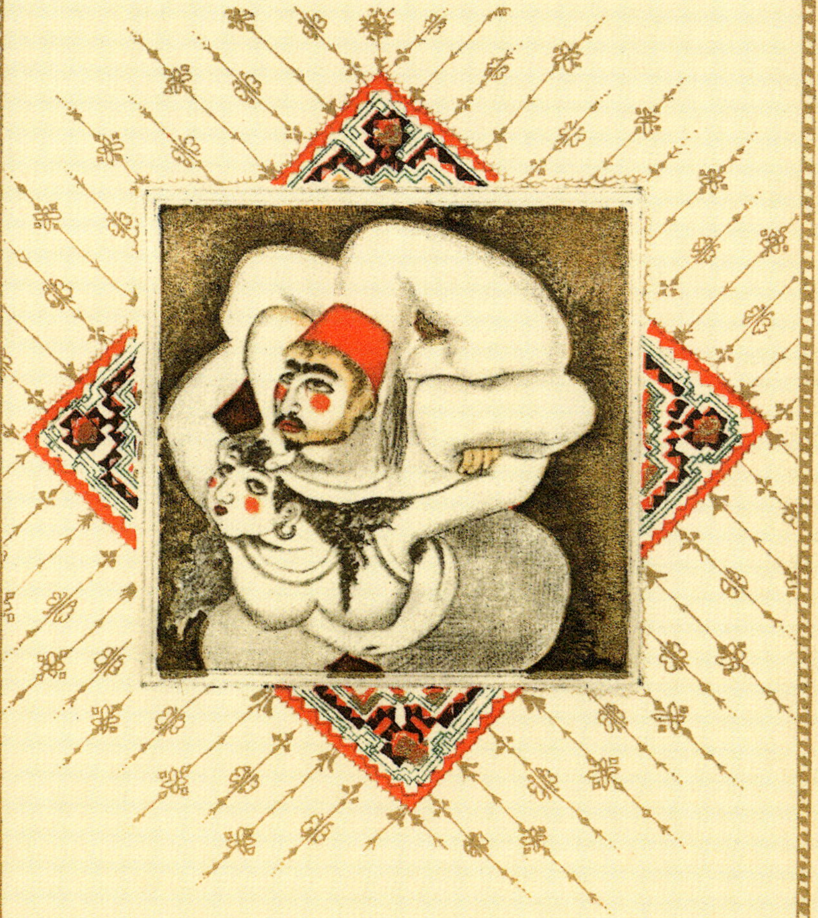

Wasser, helles: Glück und Segen – trübes: das Gegenteil.

Webstuhl, vergebliche Mühsal.

Wechsel, unangenehme Ansprüche treten an dich heran.

Weg, guter: Glück und Reichtum; schlechter: Kummer und Trübsal.

Wehen, für Ledige: furchtbare Nachrichten, geheime Krankheit; für Verheiratete: Verwickelungen und unendliche Hindernisse.

Weiberrock, baldige glückliche Hochzeit; so er golden ist, ein seltener Glücksfall.

Weihkessel, du bekommst einen friedlichen Lebensgefährten.

Weihrauch, du bist von Schmeichlern und Verrätern umgeben.

Wein, weiß: große Sinnenfreude, fröhliches Gemüt; rot: Zank, blutiger Streit.

Weinflasche, so sie voll ist: großer Gewinn, Glück und Gesundheit; leere und zerbrochene Flaschen bedeuten das Gegenteil.

Weingarten – Belohnung deiner Mühe oder eine glückliche Geburt.

Weinglas, heitere Neuigkeit.

Weinstube, du wirst im Rausch ein wichtiges Geheimnis verraten.

Weinen ist große Freude.

Weizen verheißt dem Reichen Gewinn, dem Armen Verlust.

Wespen, von ihnen gestochen werden, großer Geldverlust – eine einzige im Hause haben deutet auf böse Gattin – siehst du mehrere, so deutet dies auf Umgang mit verworfenen Weibspersonen.

Wespennest, du kannst deiner vielen Feinde nicht mehr Herr werden.

Wette, achte besser auf deinen Ruf.

Wiege, du verfällst wieder in einen früheren Fehler.

Wiese deutet auf Glück.

Wild, ein heftig bewegtes Leben.

Witwer oder Witwe deutet auf Heirat oder Scheidung ohne Grund.

Wohnhaus, du wirst betrogen werden. So du es verkaufst, wird sich dein Zustand verschlimmern. Feuer darin: Du wirfst das beste, was du besitzt, von dir.

Wohnung, deine Einsamkeit nimmt bald ein Ende.

Wolf, du wirst von einem heuchlerischen

Freund hintergangen oder erleidest eine schwere Verwundung.

Wolken, verhängnisvoller Mißgriff.

Wolkenbruch, dein Schicksal wird sich furchtbar verändern.

Wucherer, böse Verführung bringt dich ins Elend.

Wunde ist von schlechter Vorbedeutung, so sie ohne Blut ist, so bedeutet das Tugendhaftigkeit und Ehre.

Wunsch, verbirg dein Geheimnis noch einige Zeit.

Wurm, wenn einer von dir geht: Du bekommst deine Feinde zu fassen und überwindest sie.

Wurst, deine Kälte und Gleichgültigkeit ist die Quelle deines Mißgeschicks.

Wut, ohne Grund, finanzielle Schwierigkeiten oder Liebesgram. Für ein junges Mädchen bedeutet der Traum, daß es in die Netze eines Verführers fällt.

Z.

ZAHN, daß man einen solchen verloren hat, deutet auf den Tod eines Verwandten – so die Zähne weiß sind, Gesundheit und Kraft.

ZIEGE.

Siehst du im Schlafe eine Ziege, so wirst du dich mit einem langjährigen Freund wegen einer Kleinigkeit entzweien; es wird eine erbitterte Feindschaft daraus werden. Es wäre gut um Unheil abzuwenden, deinen Stolz zu überwinden und ihm als erster die Hand zur Versöhnung zu reichen. Siehst du eine Ziege von einem Baume fressen, so trachtet man dich in deinem Besitztum zu schädigen, aber erfolglos – der Anschlag wird rechtzeitig entdeckt.

Sieht man sich im Traum von der Ziege essen, so ist einem Freund ein Unglück zugestoßen, welches man dir verheimlicht.

Zahnarzt, du wirst von mehreren Personen gleichzeitig hintergangen.

Zahlen, du bist hochgeehrt und gewinnst noch an Ansehen.

Zählen, deine Hoffnungen auf günstige Erledigung deiner Angelegenheit werden trügerisch.

Zank, deine freundschaftlichen Beziehungen werden inniger. Hast du Zank mit der geliebten Person, deutet dies auf größte Leidenschaft und Hingabe.

Zauberer, eine peinliche Szene wird dir im Verlauf sehr nützlich sein.

Zebra, leere Hoffnungen.

Zeche, ein treuer Freund spricht über dich zu einem Fremden und plaudert Geheimnisse aus.

Zederbaum, du wirst dich mit hochstehender Persönlichkeit befreunden.

Zehen, hast du sechs Zehen, so deutet dies auf häusliches Glück und Vermehrung des Reichtums.

Zeichnen, man sucht dich durch falsche Nachrichten zu hintergehen.

Zeitung, du wirst von deinen Bekannten verlacht und verachtet.

Zelt, unerwartete Hilfe im Unglück.

Zeremonie – Eitelkeit und Leichtsinn.

Zerstören, man erfährt etwas Rätselhaftes aus deiner Vergangenheit.

Zeugnis, eine geliebte Person befindet sich in großer Not.

Ziegenhirt, du verbleibst dein Leben lang in untergeordneter Stellung.

Ziel, du wirst das deine nie erreichen.

Ziffer, die geraden Zahlen sind Mißgeschick und Verlust, die ungeraden bringen Gewinn und Glück (Basini).

Zigarre zeigt auf starke Gesundheit.

Zigeuner, blick in die Lade der geliebten Person, du wirst eine interessante Entdeckung machen.

Zimmer, durch einen Abschied wird dein Leben verändert.

Zins, du fällst in die Hände eines gewissenlosen Menschen.

Zisterne, großes Glück.

Zither, die Erfüllung deines Wunsches bringt dir nicht das erwartete Glück.

Zitherspiel, du wirst von einer Heirat hören.

Zitronenbaum, du wirst in ein fremdes Land verpflanzt.

Zitronen bedeuten immer Unglück und Mißbrauch.

Zittern, schwere Krankheit.

Zopf, du wirst einer Leidenschaft all dein Gut und Blut opfern.

Zorn, für Männer: große finanzielle Verluste; für Frauen: Mißgeschick in der Liebe; für Jungfrauen: das Opfer eines gewissenlosen Verführers.

Zuchthaus, ein Freund, dem du viel geopfert hast, verläßt dich in der Not.

Zucker – Glück in Liebe und Wollust.

Zuckerbäcker, man will dich in den Hintergrund drängen.

Zündhölzchen, ein naher Verwandter wird dich beleidigen.

Zug, deine langwierige Angelegenheit geht schnell vonstatten.

Zunge, du erfährst Klatsch, der für dich von Interesse ist.

Zwerg, du wirst deinen Feinden entkommen.

Zwiebel, böse Nachrichten, Tränen und üble Nachrede.

Zwirn, deine Angelegenheiten sind sehr verwickelt und schwer zu entwirren.

Zwitter, du solltest dir alle Möglichkeiten offenhalten.

Zyperwein – frohe Gesellschaft, Glücksnummer 28.

WIE MAN FINDEN KANN, UNTER WELCHEM HIMMELSZEICHEN DER MENSCH GEBOREN IST.

Vom 22. Dezember bis 20. Jänner im Steinbock.

Vom 21. Jänner bis 19. Februar im Wassermann.

Vom 20. Februar bis 20. März in den Fischen.

Vom 21. März bis 19. April im Widder.

Vom 20. April bis 20. Mai im Stier.

Vom 21. Mai bis 20. Juni in den Zwillingen.

Vom 21. Juni bis 22. Juli im Krebs.

Vom 23. Juli bis 22. August im Löwen.

Vom 23. August bis 22. September in der Jungfrau.

Vom 23. September bis 23. Oktober in der Waage.

Vom 24. Oktober bis 21. November im Skorpion.

Vom 22. November bis 21. Dezember im Schützen.

Beschreibung der 12 Himmelszeichen

1. Der Steinbock.

Alle unter dem Sternbilde des Steinbocks oder zwischen dem 22. Dezember und 20. Jänner geborenen Knäblein sind jähzornig, leichtblütig, argwöhnisch, prozeß- und streitsüchtig, arbeiten gern, besuchen aber nur schlechte Gesellschaften, verführen gern junge Mädchen, hintergehen mit besonderer Vorliebe nur Ehemänner, wobei ihnen aber Frau und Kinder auf die Spur kommen werden. Zügellosigkeit macht sie öfters krank, und sie zeichnen sich überhaupt durch maßlose Unbeständigkeit aus, wenn sie zur Nachtzeit geboren wurden. Dabei sind sie heiter, tätig, spenden gern Hilfe und Wohltaten, reden besonnen und gemäßigt, haben einen kleinen Kopf und eingefallene Augen und werden mit dem Alter und dem Wachsen des Vermögens geizig. – In Krankheiten verschaffen ihnen Bäder ihre Gesundheit am besten wieder.

Die unter diesem Sternbilde geborenen Frauen sind lebhaft, leichtblütig, in ihren jüngeren Jahren aber so schüchtern, daß sie ob jeder Kleinigkeit tief erröten, mit den Jahren wird ihr Charakter gesetzter und kühner. Bis zu ihrer Verheiratung sind sie in ihrer Liebe unbeständig, sowie sie aber in den Stand der Ehe treten, ändern sie sich und kommen ihren Pflichten genau nach. Sie sind eifersüchtig, selbst wenn sie ihre Eifersucht verbergen. Sie haben Lust zum Reisen, reden viel und begehen unüberlegte Handlungen.

★

2. Der Wassermann.

Ein unter diesem Sternbilde oder zwischen dem 21. Jänner und 19. Februar geborener Knabe ist verschwiegen, liebenswürdig, geistreich, neugierig, für Liebe und Freundschaft sehr empfänglich, liebt das Vergnügen, hat Unglück auf dem Wasser, weshalb er dasselbe auch fürchtet; er ist dem Fieber unterworfen; in der ersten Hälfte seines Lebens lebt er ärmlich, in der zweiten wird er reich, was ihn zu einem verschwenderischen Leben veranlaßt. Krankheiten und Gefahren werden ihn häufig bedrohen; er wird Unglück im Haushalte haben und gern Gutes tun, wofür er in der Liebe aller guten Menschen reichlichen Ersatz findet, was seiner Ruhmliebe schmeichelt. Schreitet er zu einer zweiten Ehe, so wird seine Frau lahm werden. Er wird nur wenig Kinder bekommen und ein hohes Alter erreichen.

Eine unter dem Wassermann geborene Frau ist beständig und generös, aufrichtig und edelmütig, liebt dabei aber den Genuß, was der Gesundheit ihres Mannes vielleicht schadet. Ihre Familie wird ihr schweren Kummer verursachen und Widerwärtigkeiten zuziehen, welche mit einer langen Reise endigen. Zweiunddreißig Jahre lang wird sie in Armut sein, dann kommt sie plötzlich in gute Vermögensumstände.

★

3. Die Fische.

Die unter dem Einfluß der Fische oder zwischen dem 20. Februar und 20. März geborenen Knäblein sind gefällig, heiter, spielsüchtig, gutmütig, finden außerhalb ihres Hauses Glück, sind in ihrer Jugend mehr arm als reich. Erlangen sie in ihren späteren Jahren größeren Wohlstand, so kümmern sie sich wenig um ihr Glück und setzen die Lehren der Erfahrung hintan. Anständige, gute Gesellschaften lieben sie sehr; sie werden sich in solchen aber auf einige Zeit verhaßt machen, indem sie sich in Schwätzereien einlassen, welche ihnen Unannehmlichkeiten zuziehen und sie ihre Worte abmessen lehrt. Bei alledem sind sie kühn und machen große Ansprüche; Frauen werden ihnen in der Jugend Unglück bereiten.

Die unter dem Sternbilde der Fische geborenen Frauen sind in der Regel schön und erwerben sich in ihrer Jugend durch ein tugendhaftes Leben wahre Verdienste, wofür sie aber viel Unangenehmes, Widerwärtiges und Schmerzhaftes zu erdulden haben. Sie tun gern Gutes und haben ein edles Herz, ein reines Gemüt und ein vorzügliches Gedächtnis, so daß man sie zu den verständigsten, sparsamsten und glücklichsten Gemütsarten zählen kann. Anständige Vergnügungen, gute und nicht zahlreiche Gesellschaften liebt eine solche Frau, von der sogenannten Welt aber hält sie sich fern; daher darf man einen Mann glücklich preisen, welcher eine solche Gattin hat, denn er kann versichert sein, daß sie ihn fortwährend und aus vollem Herzen liebt.

★

4. Der Widder.

Knäblein im Widder, oder zwischen dem 21. März und 19. April geboren, sind jähzornig und lebhaft, prompt und eifrig im Geschäftsleben, beredt und heftig, lügnerisch, wankelmütig und vergnügungssüchtig. Auf deren Versprechungen darf man nicht bauen, denn sie halten selten Wort. Mit Pferden sind sie so unglücklich, daß sie es für einen sehr günstigen Fall halten dürfen, wenn Reitpartien ihnen nichts weiter als gefährliche Verletzungen bringen; als Jäger sind sie ebenso unglücklich, sie sollen deshalb das Reiten und Jagen, trotz Vorliebe dafür, unterlassen. Auf dem Fischfang haben sie Glück. Sie verfallen leicht einem gewaltsamen Tode, namentlich, wenn sie sich bei Lasttieren kühn benehmen.

Eine unter dem Sternbilde des Widders geborene Frau wird neugierig, fröhlich und lebhaft, liebt die Neuigkeitskrämereien sehr und hat einen entschiedenen Hang zur Lüge und zum Wohlleben. Ihr Zorn ist schnell erregt und heftig; ihre

Zunge ist bös, namentlich im Alter; über alle andern Frauen urteilt sie sehr streng und geratet sowohl in einer Stadt als auf dem Lande in mehrere Gefahren. Sie verheiratet sich früh und bekommt viele Kinder. Von Krankheiten werden sie hauptsächlich Migräne, Katarrh und Magenleiden heimsuchen.

★

5. Der Stier.

Alle unter der Herrschaft des Stieres oder zwischen dem 20. April und 20. Mai geborenen Knäblein sind kühn und werden alle Feinde, welche ihnen Nachteil zuzufügen suchen, leicht unschädlich machen. Von dem Glück werden sie nicht besonders begünstigt. Ein solcher Mann wird fremde Länder bereisen, und es steht ihm Verbannung bevor. Eine großherzige Seele fehlt ihm. In seinem Alter wird er Reichtum erlangen, dieser ihn aber düster und melancholisch machen. Vor Hundebissen soll er sich hüten, denn sie werden ihm leicht gefährlich. Er erreicht ein hohes Alter, ist selten krank und leidet hauptsächlich an der Gallsucht.

Die unter dem Sternbilde des Stieres geborenen Mägdlein zeigen ungewöhnliche Kraft, Energie und Mut, sind dabei aber auch sehr heftig und auffahrend. Dennoch erfüllen sie immer ihre Pflicht und wissen sich dem Willen des Mannes geschickt zu fügen, so daß man an einer solchen Frau einen großen Schatz von Weisheit, Verstand, gesundem Sinn und Arbeitsliebe hat; das viele Reden kann man darüber wohl gutheißen. Bis zu ihrem 22. Jahre wird sich ein solches Frauenzimmer schlecht aufführen, dann aber wird sie in sich gehen, heiraten und ihrem Manne nie Anlaß zur Unzufriedenheit geben. Sie wird mehrere Male Witwe und bekommt einige Kinder, denen sie einen guten Namen, Ehre und Reichtum hinterlassen wird.

★

6. Die Zwillinge.

Die unter dem Einfluß dieses Sternbildes, nämlich zwischen dem 21. Mai und 20. Juni, geborenen Knäblein haben meist eine schöne Gestalt, ein gutes Herz, einen scharfen Verstand, Einsicht und Edelmut. Auf diese Eigenschaften sind sie aber auch stolz; sie lieben große Reisen und werden ihr Vermögen nicht zu vergrößern suchen, weshalb sie nicht selten ganz verarmen. In seinem Betragen ist ein solcher Mann fein, verschmitzt, heiter und leutselig. Die schönen Künste wird er mit Vorliebe pflegen, und er hat ein für Freundschaft und Liebe geborenes Herz. Glücklich ist er, wenn er sich einem Freunde oder einer Geliebten anschließt, welche auch unter dem Zeichen der Zwillinge geboren ist.

Eine unter dem Sternbilde der Zwillinge geborene Frau ist schön und liebenswürdig, hat ein sanftes und einfaches Herz, weshalb sie sich überall für die Dauer beliebt und angenehm macht, manchmal aber auch der Gesellschaft zuviel lebt und ihre eigenen Angelegenheiten vernachlässigt. Die schönen Künste, namentlich Zeichnen und Musik, haben eine ungewöhnliche Anziehungskraft für sie. Sie hat sich sehr vor einem Manne zu hüten, der sie in ihrer Jugend zu verführen sucht und wobei ihre arglose Seele nicht an Fallen denkt, welche man ihr stellt. Ihr ganzes Lebensglück ist zerstört, wenn sie in die Falle geht. Mit einem alten Manne, oder mit einem Manne, der jünger ist als sie, wird sie nicht glücklich sein, sie hat vielmehr einen Gatten nötig, welcher hinsichtlich ihres Charakters und ihres Lebensalters mit ihr übereinstimmt.

★

7. Der Krebs.

Alle unter diesem Sternbilde oder zwischen dem 21. Juni und 22. Juli geborenen Knäblein lieben die Frauen und suchen leidenschaftlich sinnliche Vergnügungen. Aus Prozessen und Streitereien gehen sie nicht selten siegreich hervor und erlangen auch Vorteile dadurch. Auf Reisen, welche sie gern machen, kommen sie auf dem Meere in Gefahr. In irgendeinem Teile ihres Lebens verfallen sie großem Elend, kommen aber durch merkwürdige, plötzliche Glücksfälle schnell wieder zu Reichtum und Ansehen. Ausnahmsweise bringt dieses Gestirn oft Hang zur Feinschmeckerei, manchmal auch Einsicht, Geist und eine angenehme Bescheidenheit.

Die unter der Herrschaft des Krebses geborenen Frauen sind hübsch, fleißig, schnell, hitzig, aber auch schnell wieder gut, werden nie stark, besitzen viel Einsicht, sind dienstfertig, fein, schüchtern und manchmal verschlagen, so daß diejenigen, welche sie ganz genau kennen,

Verschmitztheit, Feinheit, Verstellung und Undankbarkeit bei ihnen entdecken. Sie werden mehreren großen Gefahren bloßgestellt werden und müssen sich namentlich vor dem Wasser und vor dem Fallen hüten, sonst kommen sie ins Unglück.

★

8. Der Löwe.

Ein unter dem Sternbilde des Löwen oder zwischen dem 23. Juli bis 22. August geborenes Knäblein ist brav, kühn, hochherzig, beredt und stolz. Seine edle, schöne Seele ist der süßesten Regung fähig und der edelsten Liebe zugänglich. Den Spott liebt er ganz besonders, und ihm liegt gar nichts daran, ob man ihn Frauenzimmern nachlaufen sieht oder nicht. Auch Gefahren bedrohen ihn oft. Einen Trost und sein einziges Glück bilden seine Kinder. Dem Zorne überläßt er sich sehr häufig im Übermaß, so daß er Schritte begeht, welche er bitter zu bereuen hat. Wenn er sich nicht sehr vor Feuer, Wasser und wilden Tieren hütet, so erwächst ihm Unglück daraus. Seine Waden werden auffallend stark sein.

Eine unter diesem Sternbilde geborene Frau zeichnet sich durch Lebhaftigkeit, Jähzorn und Kühnheit aus, und ist ihr Groll einmal erregt, so wird sie nicht eher ruhen, bis sie sich gerächt hat. Sie wird viel und oft sehr giftig und bitter reden, was man übrigens ihrer Schönheit, ihrer Treue und Liebenswürdigkeit wegen leicht vergißt. Ihre Brust wird breit und vom sechzehnten Jahre an ausgebildet sein, ihre Beine sind mager, ihr Kopf dick.

★

9. Die Jungfrau.

Alle unter diesem Sternbilde oder zwischen dem 23. August und 22. September geborenen Knäblein haben eine hübsche Gestalt, sind aufrichtig, bescheiden, geistreich und ehrgeizig. Sie werden leicht bestohlen und rächen sich in der Regel selbst am Dieb. Geheimnisse darf man ihnen nicht anvertrauen, denn sie wissen nicht einmal die ihrigen zu bewahren. Ihr angeborener Hochmut veranlaßt sie, aus ihren Liebschaften Geheimnisse zu machen, in ihren Reden vorsichtig zu sein und ihren Freunden Gutes zu erweisen; überhaupt sind sie verständig, brav, redlich gesinnt, tugendhaft, haben Mitgefühl für fremde Leiden und selbst für das ihrer Feinde, und frömmeln am Ende. In ihrer Toilette lieben sie Eleganz, jedoch frei von Luxus und Koketterie.

Die unter der Jungfrau geborenen Personen weiblichen Geschlechts zeichnen sich durch Keuschheit, Rechtschaffenheit, Schüchternheit, Vorsichtigkeit aus, sie sind sehr geistreich, tun gerne Gutes und reden viel. Dabei sind sie in allen Fällen, wenn es nur halbwegs möglich ist, gefällig und dienstfertig, womit jedoch auch Jähzorn verbunden ist. Letzterer ist aber nie gefährlich und stets nur von kurzer Dauer. Im 16. oder 17. Lebensjahre wird eine solche Person sich schon verheiraten und Kinder gebären, welche ebenso schön und liebenswürdig wie sie sind. In Gefahren, welche sie bedrohen, wird sie einen scharfen Verstand und große Besonnenheit verraten und sich dadurch retten; auch ihren Gatten glücklich machen.

★

10. Die Waage.

Die in der Waage oder zwischen dem 23. September und 23. Oktober geborenen Knäblein sind zanksüchtig, haben Glück im Handel, namentlich, wenn er sich auf die See ausdehnt, lieben das Vergnügen und machen gern große Reisen. Neben einem angenehmen Äußeren haben sie feine Manieren, Rednertalent und kommen nicht leicht in einen schlechten Ruf, obschon sie ihren Versprechungen sehr häufig nicht nachkommen und mehr Glück als Fleiß haben. Im Staats- oder Heeresdienste bringen sie es weit; auch haben sie bei den Damen Glück und suchen Liebesabenteuer. Im Traumdeuten werden sie eine besondere Gabe haben und zum Enthüllen der Zukunft überhaupt einen scharfen Verstand besitzen, so daß ihnen ihr eigener Verstand Schutz vor vielen Gefahren gewährt. – Die erste Frau wird ihnen bald durch den Tod entrissen werden. – Vor Feuersbrünsten und heißem Wasser sollen sie sich besonders hüten.

Eine unter dem Sternbilde der Waage geborene Frau ist liebenswürdig, heiter, angenehm, aufgeweckt und hat ziemlich Glück. Sie liebt die Blumen sehr, hat feine Manieren, besitzt eine ungewöhnliche, einschmeichelnde Überredungsgabe und weiß dadurch, sowie durch ihre anderen Reize, viele Herzen zu fesseln. Empfindlichkeit und manchmal Zanksucht machen sie oft etwas widerwärtig. Sie wird sich vom 17. bis 23. Jahre verheiraten und muß sich vor Feuer und heißem Wasser hüten, wenn sie nicht Schaden davon nehmen soll.

★

11. Der Skorpion.

Ein unter dem Skorpion oder zwischen dem 24. Oktober und 21. November geborener Knabe wird kühn, schamlos, schmeichlerisch, hinterlistig und boshaft, verbirgt aber diese Eigenschaften unter einem liebenswürdigen Äußeren. Neuigkeiten und Ereignisse sucht er ganz anders darzustellen, als sie wirklich sind, und er ist überhaupt heimlich und verstellt, daher liebt er auch verbotene Früchte. Seiner hitzigen Gemütsart wegen ist er unbeständig, und er denkt gern Böses von anderen, hegt lange Groll, redet viel und hat nicht selten Anwandlungen von Schwermut, obschon er sonst heiter ist und gerne auf Kosten anderer lacht.

Alle unter diesem Sternbilde geborenen Mädchen sind geschickt, dabei aber heuchlerisch und betrügerisch. Gegen den ersten Mann benehmen sie sich gewöhnlich sehr tadelnswert, besser gegen den zweiten. Durch süße Worte wissen sie ihre Falschheit zu verstecken und fremde Herzen zu umstricken, sie sind immer heiter und lachen gern auf Kosten anderer. Aus dem Begehen von Unregelmäßigkeiten wird sie sich nicht viel machen, von jedermann böse und viel reden, mit zunehmenden Jahren wird sie melancholisch.

★

12. Der Schütze.

Die unter dem Sternbilde des Schützen oder zwischen dem 22. November und 21. Dezember geborenen Knaben machen gerne große Reisen und bereichern sich auf dem Meere. Ein solcher Mann wird ein hitziges Temperament haben, in allem Gewandtheit und Geschick besitzen und großartige Unternehmungen, welche er geistvoll arrangiert, glücklich ausführen. – Das Geld seiner gewonnenen Freunde wird er vergeuden, und er wird einen auffallenden Hang zum Reiten, Wettrennen, Klettern und Kämpfen haben. Dabei ist er aber doch billig denkend, verschlossen, beharrlich, arbeitsam und fleißig. Neben diesen angenehmen, geselligen Eigenschaften hat er eine maßlose Eigenliebe.

Eine unter dem Sternbilde des Schützen geborene Frau hat ein ruhiges, widerspenstiges Gemüt, ist dabei sehr fleißig und hat eine der edlen Liebe leicht zugängliche Seele. Ihr Hang zum Reisen veranlaßt sie, nie lange in einem Lande zu verweilen. Einige rühmliche Geistes- und Herzenseigenschaften machen sie sehr anspruchsvoll. In ihrem 19. Jahre wird sie sich glücklich verheiraten, falls sie früher den Anträgen mehrerer sehr verdorbner Männer, welche sie unglücklich zu machen suchen, zu widerstehen weiß. Gibt sie solchen Anträgen nach, so wird sie 24 Jahre alt, bis sie sich verheiraten kann.

★